U0113279

2021/2022

中国"一带一路"人文与外交发展报告

Annual Report on Cultural Diplomacy of China's Belt and Road Initiative in 2021/2022

主编／梁昊光　张耀军

世界知识出版社

图书在版编目（CIP）数据

2021/2022中国"一带一路"人文与外交发展报告 / 梁昊光，张耀军主编.—北京：世界知识出版社，2022.4

ISBN 978-7-5012-6456-8

Ⅰ.①2… Ⅱ.①梁… ②张… Ⅲ.①"一带一路"—文化交流—研究报告—中国—2021—2022 Ⅳ.①G125

中国版本图书馆CIP数据核字（2021）第240728号

责任编辑	曾伏华
责任出版	王勇刚
责任校对	张 琨

书　名	2021/2022 中国"一带一路"人文与外交发展报告 2021/2022 Zhongguo "Yidai Yilu" Renwen Yu Waijiao Fazhan Baogao
主　编	梁昊光　张耀军
出版发行	世界知识出版社
地址邮编	北京市东城区干面胡同51号（100010）
网　址	www.ishizhi.cn
联系电话	010-85114541（编辑部）　010-65265923（发行部） 010-85119023（邮购）
印　刷	北京虎彩文化传播有限公司
经　销	新华书店
开本印张	720毫米×1020毫米　1/16　14¾印张　2插页
字　数	180 千字
版次印次	2022年4月第一版　2022年4月第一次印刷
标准书号	ISBN 978-7-5012-6456-8
定　价	128.00元

梁昊光

前　言

自2013年"一带一路"国际合作倡议提出以来，中国与共建国家优势互补、互学互鉴，携手从恢宏磅礴的谋篇布局"大写意"，走向严谨细腻的精耕细作"工笔画"。8年多来，"一带一路"建设取得了实打实、沉甸甸的成就，构建了广泛的朋友圈，创造了广阔的机遇前景，让参与各国充分受益。

一、耕耘八载，成就令世界瞩目

机制平台的建立健全为更高水平的开放合作提供了坚实保障。短短8年多，中国已经同145个国家和32个国际组织签署200余份共建"一带一路"合作文件，建立了90多个双边合作机制。同时，中国以共建"一带一路"为引领，与日本、法国、英国等14个国家签署了第三方市场合作文件，为企业搭建起互利共赢的合作平台。

中国与"一带一路"沿线国家贸易规模持续扩大，双向投资合作不断增长。8 年多来，沿线国家与中国的年贸易额从 1 万亿美元增长到 1.4 万亿美元，在中国对外贸易中的比重提高 4 个百分点，货物贸易总额达 10 万亿美元。截至 2020 年末，中国在沿线国家累计直接投资 1360 亿美元，涉及国民经济 18 个行业大类。另外，沿线国家在华新设企业累计 2.7 万家，实际投资累计 600 亿美元。

中国对外工程承包业务半数集中在"一带一路"沿线国家。2020 年，中国企业在沿线国家新签对外承包工程项目合同 5611份，新签合同占同期总额的 55.4%。2021 年前 11 个月，对沿线国家承包工程已经完成营业额 766.5 亿美元，同比增长 8.2%。

二、增信释疑，硕果与伙伴共享

"一带一路"倡议不是零和博弈，而是双赢、多赢，追求的是发展，崇尚的是共赢，传递的是希望。生存权和发展权是首要基本人权，"一带一路"为沿线国家经济发展、民生改善、减贫脱困做出了巨大贡献。"一带一路"人文外交在总结中国人文外交成功经验的基础上，以"喜闻乐见的形式"不断增进人与人、民众与民众、民族与民族之间的友好情谊，日益深化国家与国家之间的互信合作。

1. "一带一路"是"发展之路"

"一带一路"国际合作倡议提出以来，中国大力支持广大亚非拉发展中国家加强基础设施建设，帮助他们不断获取世界经济发展的红利。世界银行的研究证明，共建"一带一路"将使

"发展中的东亚及太平洋国家"国内生产总值平均增加 2.6% 至 3.9%，使参与国贸易增长 2.8% 至 9.7%。比雷埃夫斯港促进了希腊经济复苏，中巴经济走廊保障了巴基斯坦电力供应，卡塔纳供水工程解决了斯里兰卡民众饮水困难……一个个项目让沿线各国获得了实实在在的好处，让沿线民众感受到真真切切的心意。

2. "一带一路"是"民生之路"

中国先后开展了中非减贫惠民合作计划、东亚减贫合作示范，积极实施湄公河应急补水，向泰缅等国提供防洪技术援助，为沿线各国创造了数以万计的就业岗位。按照世界银行的估算，到 2030 年，"一带一路"国际合作将帮助 760 万人口摆脱极端贫困，帮助 3200 万人摆脱中度贫困。正如联合国前秘书长潘基文所评价的，"在人类通往消除贫困的道路上，中国的作用不可或缺"。

3. "一带一路"是"健康之路"

通过多项公共卫生合作计划，中国为"一带一路"沿线国家培养了数千名专业人才，中医药团队在柬埔寨、科摩罗、多哥等国实施快速清除疟疾方案，与中亚国家携手防控结核病，与中东欧国家在慢性病防控等领域开展合作……世界卫生组织总干事谭德塞表示，"中国具有实际经验和经济影响力，能极大影响'一带一路'沿线国家的数十亿生命"。面对新冠疫情，中国为"一带一路"沿线国家援助了大量急需的医疗物资，并且竭力提高新冠疫苗的可及性和可负担性。

4. "一带一路"是"创新之路"

中国先后启动了中国—东盟、中国—南亚等科技伙伴计划，与中亚、中东欧等共建了多个区域技术转移平台，发起成立了"一带一路"国际科学组织联盟，与共建"一带一路"国家签署

84个科技合作协定,为"一带一路"科技创新合作奠定了制度基础。中国参照国家重点实验室标准,建设国家对外科技合作创新最高级别平台——"一带一路"联合实验室,目前已批准建设3批共53家,为"一带一路"提供有力的科技支撑。

三、重振信心,丝路受国际期许

从长远来看,经过疫情的考验,中国与"一带一路"共建国家的合作潜力被充分激发,基础会更加牢固,前景更为广阔。在此背景下,"一带一路"国际合作将为后疫情时代经济恢复注入坚定的中国信心和强劲的中国动力。

疫情防控带动了"云经济""非接触经济"等数字服务发展,世界有需求,中国有优势。"数字丝绸之路"的共同建设将使物联网、人工智能等数字化技术和服务惠及沿线国家普通民众,成为重振经济的新引擎。"互联网+通道"使跨境贸易的门槛大幅降低,中小微企业能有机会直接参与跨境贸易。比如,2020年5月,卢旺达农民通过在淘宝直播上卖咖啡,相当于当地农户一年的产量"秒光"。这在过去是难以想象的。

2021年6月,中国通过发起"一带一路"疫苗合作伙伴关系倡议,促进疫苗在全球范围内公平分配,支持新冠肺炎疫苗知识产权豁免,助力各国最终战胜疫情。未来,中国还将进一步发挥中欧班列抗疫"生命线"、贸易"带货王"的重要作用。此外,海上丝绸之路港航合作、空中丝绸之路建设对沿线经济的恢复将发挥巨大的牵引作用。

CONTENTS

目 录

第一部分

总 报 告

余金艳　　张英男①

民族文化差异对"一带一路"沿线投资安全的影响研究

内容介绍

〔**摘　要**〕我国对"一带一路"国家和地区直接投资蓬勃发展，文化差异是投资决策中需要考虑的关键要素。基于对文化差异作用于投资安全的理论基础梳理，本文从文化距离六维度的视角出发，全面阐述民族文化差异的世界格局，分析文化差异的形成原因，并实证研究中国对外直接投资过程中文化距离作用于不同类型、不同区域国家的具体影响及差异，进一步对各个样本国家的投资安全进行"文化距离评级"，以期更好地实现"民心相通"，促进"资金融通"，推动"一带一路"共建事业的高质量发展。

〔**关键词**〕文化差异；"一带一路"；"投资安全"

①　余金艳（1986—　），北京第二外国语学院中国"一带一路"战略研究院副教授，"一带一路"数据分析与决策支持北京市重点实验室秘书，投资与安全研究所所长，教育部国别和区域研究中心（备案）波兰研究中心副主任。张英男（1997—　），北京第二外国语学院中国"一带一路"战略研究院产业经济学专业硕士研究生。本文系国家民委民族研究项目"民族文化差异对'一带一路'沿线投资安全的影响研究"（2020-GMD-053）阶段性成果。

近年来，在全球跨国投资下降的背景下，我国对外直接投资（Outward Foreign Direct Investment, 简称：OFDI）规模稳步上升。据国家统计局和商务部联合发布的《中国对外投资发展报告》，2019 年我国企业 OFDI 流量为 1369.1 亿美元，排名全球第二；投资存量首次突破 2 万亿美元，保持全球第三。其中对"一带一路"国家投资流量同比下降至 150.4 亿美元，占我国 OFDI 总额比重上升 1.6 个百分点，达到 13.6%。"一带一路"倡议提出以来，我国更加积极推进与相关国家的投资合作。到目前为止，我国已同 138 个国家签署了"一带一路"合作文件。2021 年 1—5 月，中国对"一带一路"沿线国家非金融类直接投资合计 59.6 亿美元，占同期对外投资总额的 17.4%。

随着对外投资项目的不断增多，我国所面临的各项风险（含经济风险、金融风险、政治风险、社会风险、对华关系安全风险等）也逐渐增加。"一带一路"国家和地区中，绝大多数属于发展中国家或地区，政府治理水平参差不齐，经济开放度差异巨大。这些国家和地区内部利益纠纷导致的政治动荡、宗教冲突等不稳定因素给外来投资安全带来了相当的不确定性。随着"一带一路"建设的不断推进，如何保证其高质量可持续的发展尤为重要。为此，需要甄别影响对外投资的各项因素，规避各类投资风险，从而做出包括投资区位选择、投资量选择等在内的合理、有效、安全的决策。

文化差异是对外投资决策中需要考虑的关键要素。母国与东道国之间的文化差异是各类风险产生的关键因素。文化差异导致不同国家民族的价值观与行为处事方式产生较大差别，直接影响到对外投资的顺利进行，进而威胁投资安全；与此同时，由于文化差异有利于激发创新并使企业获得垄断优势，其往往为对外投资带来积极的反馈。"一带一路"是沿线各民族共同的文化记忆，也是新时代共建人类命运共同体的重要倡议。数千年的多民族互信融合、命运相依，造就了中华民族强大的文化包容性。这种包容性是"一带一路"生产要素全球化配置的重要前提。在此基础上，客观认知民族文化差异、科学预警投资安全决策，提升中国的国际影响力和感召力显得十分紧迫和必要。文化差异究竟如何影响对外直接投资是一个值得深入研究的问题。

一、研究现状

民族文化对人类生活的影响涉及方方面面，对于文化的定义也随时代的发展在不断演变。文化被称为一种"非正式制度"最早可以追溯到亚当·斯密于 1759 年所著的《道德情操论》相关内容。在该书中，亚当·斯密强调文化对个体经济行为的约束力。诺斯（North, 1990）也认同"非正式制度"在塑造人类社会方面的重要作用。1871 年文化人类学的创始人泰勒（E.B. Tylor）提出文化的定义为：文化（文明）是包括知识、信念、艺术、道德法则、法律、习俗和任何人作为社会成员而获得的能力以及习惯在内的复杂整体。霍夫斯泰德（Hofstede）在他的著作《文化的效应》中再次定义了文化这一概念：国家文化是人类思想的集体编程，它通过将人们的思想、情感和行为模式化，使特定社会群体或社会成员区别于其他的群体。这种"精神编程"（mental programming）是相对稳定的。它暗示了群体行为的可预测性，即同一类人群在相似的情境中会展示出相似的行为表现。桂索（Guiso）和费莫特德（Femtode, 2009）认为国家文化是民族、宗教和社会群体代代相传的合乎习俗的信仰和价值观的总和。从制度经济学范畴考虑，一国的价值观念为文化或文化的一部分。这种"非正式制度"来源于社会传播的信息，是社会群体"对大脑所接收信息的感知进行编码和翻译的架构，通过价值观和偏好加以呈现"。此外，也有学者认为国家文化或"非正式制度"组成了社会的个体共同接受的观念和信念系统。[①]

　　国内外学者对民族文化差异及其对投资安全影响的研究分为定性和定量两种视角。民族文化视角的定性研究主要观点为：A.民族文化差异以其在文化规范、惯例、价值观等方面存在的差异程度，对经济活动各环节产生影响。B.民族文化差异既有积极影响，也会产生消极影响。C.民族文化差异的影响具有明显的地缘色彩，需要个案分析。民族文化视角的定量研究多基于霍夫斯泰德的"民族文化维度模型"。随着近年来文化价值观研究的发展，基于霍夫斯泰德等学者的研究，价值观作为国家文化的核心元素逐渐可以被相对精准地测度和量化。这使将国家文化差异的影响纳入国际资本流动的实证研究成为可能。长期以来，文化距离经常被作为影响对外贸易的重要因素之一进行研究。对于文化距离与对外直接投资的关系，学者们有着不同看法。A.民族文化差异理论上与投资之间为负相关关系。例如，王晓琼研究指出，两国之间的文化差异越大，中国对经济合作与发展组织（OECD）国家的直接投资量就越大。[②] B.积极影响和消极影响叠加后，其作用是非线性的，量化难度较大。随着研究的不断深入，有学者发现文化距离对OFDI区位选择的影响并不呈现简单的正负向关

---

① 逄嘉宁：《国家文化差异与国际资本流动》，博士学位论文，吉林大学金融系，2020，第8页。

② 王晓琼：《文化差异对中国对外直接投资影响研究》，硕士学位论文，安徽财经大学国际商务系，2017，第33页。

系。例如，孙朋军等认为，文化距离负向调节资源寻求型对外直接投资的区位选择、正向调节市场寻求型对外直接投资的区位选择，对战略资产寻求型对外直接投资的区位选择无显著影响；[①] 杜家希认为，文化距离越大，企业越偏好于绿地方式进入；文化距离越小，企业越偏好于合资方式进入。[②] C. 文化距离和投资流向的相关性，理论呈现"S"形曲线，需进一步验证。侯文则认为，文化距离与中国企业对"一带一路"国家直接投资是水平"S"形曲线相关。[③] 而綦建红采用汉森非线性门槛模型检验，完整地刻画出二者之间的 U 形关系。[④]

投资安全评估视角的研究更关注多因素综合作用，涉及文化相关因素的主要观点为：A. 民族文化差异是影响投资安全的重要方面，但不能忽视投资安全作用机制的综合性，需考量经济、金融、政治、社会、双边关系等多方面因素，其"预警分析"的作用随着中国企业"走出去"步伐的推进而愈发重要。B. 民族文化差异的影响是多元的，涉及政治、经济、宗教、地缘、社会等共同作用，并具有强烈的地域色彩。C. 对民族文化差异影响的准确评估很难经由统计数据完成，因为当前主流评估机构多用专家打分的方式，逻辑性和科学性有待加强。

---

① 孙朋军、于鹏：《文化距离对中国企业落实"一带一路"投资战略的影响》，《中国流通经济》2016 年第 2 期，第 83–90 页。

② 杜家希：《文化距离对中国 OFDI 企业进入模式的影响：东道国制度特征的调节作用》，硕士学位论文，东华大学国际经济与贸易系，2017，第 36 页。

③ 侯文：《中国企业对"一带一路"国家 OFDI 区位选择研究》，硕士学位论文，山西财经大学国际贸易系，2018，第 41 页。

④ 綦建红、李丽、杨丽：《中国 OFDI 的区位选择：基于文化距离的门槛效应与检验》，《国际贸易问题》2012 年第 12 期，第 137–147 页。

二、文化差异影响投资安全理论基础与格局

1. 外来者优势与劣势

在对外投资过程中，交易双方不可避免地涉及国家间文化的相互交融和碰撞，国家文化在跨境直接投资方面的重要影响可谓贯穿始终。2014 年，中国与全球化智库（Center for China and Globalization, 简称：CCG）对在海外投资的中国企业进行了一次调查。调查结果显示，缺乏国际化人才、文化差异大和企业 / 管理水平不高是影响企业"走出去"效益排名前 3 位的因素，文化差异赫然排在第 2 位。[①] 由此说明，文化差异是中国企业对外投资决策的重要考量因素之一。对于文化距离对 OFDI 区位选择的作用机制，被多数学者采纳的理论基础为外来者优势（或外来者劣势）理论。即外来投资者的投资活动将受到两种相反力量的影响。

（1）外来者优势

外来者优势是指文化距离的存在会使得外商直接投资有一定的差异优势。即母国的跨国企业将本国丰富的经营管理经验带到东道国，生产出具有文化差异的产品来吸引东道国的消费者，从而获得独特的竞争优势。根据垄断优势理论，当跨国企业拥有东道国企业所没有的竞争优势时，进行 OFDI 活动能够进一步充分发挥自己的垄断优势降低投资风险、增加企业竞争力、获得垄断利润。而文化差异会导致企业技术、管理经验等方面的竞争优势

---

① 农方：《文化差异对中国在东盟直接投资的影响研究》，硕士学位论文，广西大学工商管理系，2017，第 5 页。

更加显著，从而进一步增强企业的优势地位。不少学者在研究跨境收购时发现，在跨国收购过程中，投资者可以获得在他们本国文化中缺失的多元化路径，而这种多元化往往会增加他们的竞争力和企业的经营绩效。例如，跨国企业在 OFDI 过程中，不同国家员工之间必须不断沟通、交流，文化思想上的碰撞交流会进一步优化企业的管理制度、管理经验、技术水平，从而形成新的竞争优势。跨国企业在 OFDI 过程中，企业员工之间必须不断沟通、交流，并在此交流过程中会不断学习进步；文化思想上的碰撞交流会进一步优化企业的管理制度、管理经验、技术水平，从而形成新的竞争优势。文化差异越明显，矛盾冲突越多，交流就会越频繁，也更容易产生思想的火花，更容易获得溢出效应，获得新的竞争优势。

（2）外来者劣势

外来者劣势指文化距离会导致"文化歧义"，即不同文化的两个国家在进行跨国直接投资的时候往往会发生"文化冲突"，并最终导致企业在跨国直接投资中发生损失。具有文化背景差异的人在对待事物的认知、偏好以及自身价值观方面存在很大差异。这种文化差异可能会导致同一公司里不同文化背景下的员工处理事情的风格、效率都有着极大不同，进而使员工之间难以配合完成任务，最终损害公司利益。同时，企业在东道国进行投资、管理，会被母国文化所影响，从而使得管理方式和管理理念极具母国特色。员工很难适应新的企业文化，进而增加跨国企业的管理协调成本，最终使企业的经营绩效受到影响；文化差异也会导致信息成本增加。跨国并购作为企业进行国际直接投资的主要手段之一，在选择要进入的东道国时，势必要充分了解东道国的市场环境、规章制度以及该国是否有合适的投资对象。文化距离的存在会使跨国企业在获得东道国投资环境、制度法规、合作对象等信息时存在一定的信息滞后性。这增加了投资时信息搜集的成本，从而提高了交易成本。[①] 另一方面，文化差异可能会带来东道国消费者对跨国企业产品不理解，从而导致跨国企业的产品无法占领该国市场，由此引发投资失败。[②]

外来者优势与外来者劣势的叠加作用将构成文化距离影响中国 OFDI 的内在动因。两种力量将共同影响对外直接投资活动的展开。何种力量占主导地位将决定文化距离对 OFDI 的作用方向。文化距离过小将因产品缺乏差异性与创新而使企业不具有垄断竞争优势；文化距离过大将引发文化冲突进而导致各项成本增加、产品不被东道国接受等。文化距离过小或过大，其对投资产生的消极影响都会起主导作用，因此，OFDI 也将随文化距离的增大而减小。当文化距离在某一合理区间时，其对投资产生的积极影响起主导作用，因此，OFDI 随文化距离的增大而增大。

2. 文化距离六维度及其作用机制

霍夫斯泰德的文化六维度理论和指标计算是法学界广泛采纳的用来衡量文化距离的标尺，一直被认为是衡量文化差异的一个有效框架，对于判断文化对企业等组织的影响具有重要的参考意义。下面是霍夫斯泰德的文化六维度。

（1）权利距离

权利距离（Power Distance）是组织和机构中实力较弱的成员

---

① 花明明：《文化距离对中国 OFDI 在"一带一路"沿线国家区位选择影响研究》，硕士学位论文，东南大学国际经济与贸易系，2019，第 33 页。

② 周晓璇：《文化距离、制度差异与中国对"一带一路"沿线国家 OFDI 的研究》，硕士学位论文，安徽财经大学国际商务系，2020，第 18 页。

接受并认可权力分配不均的程度。这种观念的产生可以追溯到农业社会的形成时期。在此之前，一个人有机会密切结交他们的领导人；而在成千上万的人不得不协调生活的情况下，所有人都与领导人密切结交的情况已不可能再发生。没有强有力的领导者，社会将无法运转。这也正是人们接受权力分配不均的原因。

权力距离较大的国家等级体系森严且权力集中，社会成员对权力的追求导致其对社会不平等的忍耐度较高。在公司治理中，权力距离越大，公司中的下级对上级依附性越强，通常在这种环境中的领导者也具备很强的判断与抉择能力；相反，权力距离越小，人们对社会权利分配不平等的容忍程度较小，所以社会追求权利平等化和民主化的风潮越盛。

（2）个人主义

个人主义（Individualism）为"人们关心群体成员和群体目标（集体主义）或者自己和个人目标的程度（个人主义），其衡量的是在某种文化体制下个人与他人之间的关系"。个人主义是人们感到独立的程度，但并不意味着利己主义；集体主义也不意味着亲密。偏好集体主义的人代表着他们追求生活在一个集体紧密团结的社会，个人希望社会成员之间存在着信任和忠诚。[①] 人们在生活中"知道自己的位置"。在集体主义文化中，群体内部联系紧密，人们优先考虑群体的目标和需要。这是社会决定的。用物理学的比喻，个人主义社会中的人们更像气体中的原子飞来飞去，而集体主义社会中的人更像固定在晶体中的原子。

此维度分值高意味着在该文化中个人主义意识更强，以自我

---

① 王晶：《文化距离对中国对外直接投资的影响》，硕士学位论文，南京财经大学国际贸易系，2016，第3页。

为中心，个人与个人之间的依赖度低、联系很松散，社会高度强调个人的表现。相反，此维度分值低意味着该文化更崇尚集体主义；强调人是集体中的人，每个人都应照顾集体的利益，个人对群体有极强的依赖感；强调群体的和谐，愿意为了集体的利益牺牲个人利益且个人的成就往往与集体的成就相关①。

（3）男性特质

男性特质（Masculinity）指的是整个社会中男性化程度的高低往往取决于男性好胜心的强弱。在一个社会中，男性特质高的人往往会比较青睐于和他人竞争来取得成功，因为成功就意味着是这个领域的强者。因此，男女价值观的差异取决于社会中男性特质程度的高低。在男性社会中，男人应该很坚强。一般而言，男性特质较高社会里存在着英雄主义，女性一般服从于男性，社会相对比较保守和传统。虽然这样的社会更有竞争力，但都存在相对比较严重的性别歧视。相反，在一个男性特质低的社会，个人往往会比较倾向于顾及别人的感受，成功的定义在这个社会中倾向于生活质量和实现每个人想要的自我。在女性社会中，性别在情感上更加接近。竞争并没有得到公开认可，弱者也有同情心。这与个人无关，但与预期的情感性别角色有关。在女性特质较高的社会，人们更加偏向男女平等。

在男性化社会，两性在社会分工中的区别很明显。传统的"男性价值"（如竞争、成就、权利等）更受追求，事业的成功也十分重要，社会对于金钱更加看重并以物质和地位衡量个人的社会价值。在女性化的社会，两性在社会分工中的区别不明显，在同样的工作上男女之间并没有多大区别。女性化的社会更注重生

---

① 王玥：《霍夫斯泰德的文化维度理论解读》，《世纪桥》2012年第1期，第35-36页。

活质量，关注生活和谐，强调工作是为了使生活愉快。

（4）规避不确定性

规避不确定性（Uncertainty Avoidance）是社会对不确定性的容忍度，也就是指人们在多大程度上能接受模棱两可的情况且容忍不确定性。

在不确定性规避越强的国家，人们会坚持严格的信仰和行为准则，尽量规避不确定因素的发生，以此来降低不确定因素带来的风险。在不确定性规避较弱的社会，人们会保持一个更加轻松的态度迎接挑战，也更具创造性。避免不确定性与避免风险或遵循规则无关。它与面对未知世界的焦虑和不信任有关，反之则与希望有固定的习惯和规程并了解真相有关。

（5）长短期取向

长短期取向（Long-term versus Short-term）维度与人生哲学、宗教信仰和教育成就的差异有关。长短期取向用来测度社会成员居安思危的程度，也就是他们处理当前现状和未来挑战的选择。

社会中短期取向较高时，大多数人会选择墨守成规维护传统，因为人们普遍认为世界本质上是被创造出来的，因而更加注重享受生活。相反，长期取向的文化更加注重对未来的考虑、建立长期的关系、追求可持续发展。因此，在这种文化中生活的人们更加强调坚韧不屈的精神、勤俭节约的品德以及有廉耻感等。长期取向维度又称"儒家动力"，其源自亚洲文化中传承千年的儒家哲学思想。该维度主要反映文化对于长期利益与短期利益的偏好程度。生活在这种文化中的人一般都会居安思危，注重对未来发展的考虑。他们坚信世界在不断变化，因此需要始终为未来做准备。

（6）放纵与约束

放纵与约束维度描述的是社会中对个人自身放纵的接受程度，反映的是社会成员控制欲望或本能的程度。

一般而言，放纵（Indulgence）与生活中的美好事物有关。放纵与约束维度得分越高，意味着社会成员对个人生活基本需求和享乐生活的允许程度越高，社会总体缺乏约束力。在这种文化环境中，员工自我发挥的自由度高、企业对员工行为的容忍度高、个性化管理程度较高。在放纵的文化中，自由是一件好事。实现自己想要的冲动是件好事。朋友很重要，生活有意义。在一种内敛的文化中，感觉生活艰辛，责任而不是自由是正常的生存状态。该维度分值越低，代表社会成员自我约束和控制力较强，且国民普遍认为自然的欲望应该使用严格的标准来管理。通常社会中规章制度较多，违背规矩的行为被认为难以接受，企业则有严格的管理并要求员工必须遵守。

3. 文化距离六维度空间格局特征

截至 2021 年 6 月 23 日，中国已经同 140 个国家和 32 个国际组织签署了 206 份推动"一带一路"国际合作文件，合作内容既涉及 64 个"一带一路"沿线国家，也涉及 138 个"一带一路"共建国家。其中部分国家（如蒙古国、俄罗斯联邦），既是"一带一路"沿线国家，也是"一带一路"共建国家，综合统计"一带一路"沿线国家与"一带一路"共建国家共 145 个，统称"一带一路"国家。基于相关数据的可获得性，在其中选取部分国家作为本文的主要研究对象。

（1）权利距离

6 个维度数据均完备的 65 个国家（地区）为研究样本（下

同）。其中，以奥地利为首的西欧国家、以丹麦为首的北欧国家以及北美洲国家的权利距离分数较低。东南亚以及部分东欧国家，权利距离分数较高。权利距离指数最高的是马来西亚和斯洛伐克，两国权利距离指数均为 104，而权利距离指数最低的则为爱沙尼亚，仅为 40。权利距离指数低则意味着该国民主程度更高，等级差距小，管理模式也倾向于扁平化管理。"一带一路"国家在权利距离维度指数方面差距较大。在"一带一路"国家中，仅有奥地利、新西兰、爱沙尼亚、卢森堡等 8 个国家的权利距离指数低于 50，其余国家均超过 50。这说明大部分国家的权利距离指数较高。

东盟国家权利距离指数与中国最接近，巴基斯坦、阿富汗、伊朗、土耳其等国权利距离指数明显低于中国，而独联体、中东欧大部分国家的权力距离则显著高于中国。在"一带一路"国家中，仅孟加拉国一个国家的权利距离指数与中国完全相同，为 80分。其他国家中比中国权利距离指数更高的有 6 个国家，分别为罗马尼亚、俄罗斯、菲律宾、马来西亚和斯洛伐克、委内瑞拉。由此表明这 6 国有比孟加拉国更加森严的等级制度，社会对于权利不公平的接受程度也更高。反映到跨国公司中，不同国家的权利距离不同可能会导致跨国公司内部治理出现问题。例如权利距离指数高的国家，下级通常会毫无质疑地贯彻执行上级决策；相反，"一带一路"国家中的爱沙尼亚、立陶宛以及捷克等因权利距离指数较低，它们往往更追求平等，上下级关系更多倾向于由讨论形成最终决策。因此，权利距离指数较高国家的管理者进入爱沙尼亚、立陶宛以及捷克等权力距离较低的国家时，上级独断决策的治理方式可能会引发当地员工的不满，从而降低跨国公司的运作效率。

权利距离的国别区域分布情况是有一定理论与事实渊源的。[①] 亚洲国家中新加坡、中国、韩国等国家的权利距离指数较高。东亚国家的传统文化倡导儒家思想，稳定的社会结构在一定程度上是建立在不平等的社会关系基础之上的。[②] 中国香港权利距离较小是由于基督教在社会中的影响较大，因为基督教讲究人人平等。[③] 日本也深受儒家思想的影响。其在近现代并没有像中国那样经历翻天覆地的社会剧变。因此与中国相比，其在"权力距离维度"上存在巨大差异是必然的。俄罗斯经历了漫长的封建社会时期，特权制度明显。相反，英语国家文化受基督教渗透，崇尚人人平等，没有森严的等级观念。[④] 美国人并不看重权力，他们更注重个人能力的发挥，对权力的追求比阿拉伯国家要逊色不少。阿拉伯国家由于国家体制的关系，不管是政府部门还是企业都多多少少带有权力的色彩。美国文化中的权力距离虽然小于中国、韩国或日本，但与许多北欧国家比，它的权力距离还是很大的。在北欧国家，人们追求高度民主，通过实行社会经济民主，消除阶级差别以及一切社会和经济中的不平等现象，让平等、关心、合作和互助精神贯穿于整个社会。

---

① 张雪萍：《文化维度理论视角下的中俄文化比较》，《重庆社会科学》2017 年第 11 期，第 99–104 页。

② 汤新煌、关哲：《试析霍夫斯泰德的文化维度理论——跨文化视角》，《辽东学院学报》2006 年第 4 期，第 57–61 页。

③ 曹德春：《我国内地与中国香港的文化差异及其信仰渊源——基于霍夫斯泰德理论的实证分析》，《河南社会科学》2010 年第 6 期，第 149–151 页。

④ 姜艳：《从霍氏文化维度理论看中西文化行为的差异》，《理论月刊》2013 年第 8 期，第 76–78 页。

表1　全球主要国家权利距离指数标表

"一带一路"国家			非"一带一路"国家		
国家	区域	权利距离指数	国家	区域	权利距离指数
奥地利	欧洲	11	丹麦	欧洲	18
新西兰	大洋洲	22	爱尔兰	欧洲	28
爱沙尼亚	欧洲	40	挪威	欧洲	31
卢森堡	欧洲	40	瑞典	欧洲	31
立陶宛	欧洲	42	芬兰	欧洲	33
拉脱维亚	欧洲	44	瑞士	欧洲	34
匈牙利	欧洲	46	德国	欧洲	35
特立尼达和多巴哥	美洲	47	英国	欧洲	35
意大利	欧洲	50	荷兰	欧洲	38
巴基斯坦	亚洲	55	澳大利亚	大洋洲	38
马耳他	欧洲	56	加拿大	美洲	39
捷克	欧洲	57	美国	美洲	40
伊朗	亚洲	58	阿根廷	美洲	49
希腊	欧洲	60	日本	亚洲	54
韩国	亚洲	60	西班牙	欧洲	57
乌拉圭	美洲	61	比利时	欧洲	65
葡萄牙	欧洲	63	哥伦比亚	美洲	67
智利	美洲	63	法国	欧洲	68
泰国	亚洲	64	巴西	美洲	69
秘鲁	美洲	64	印度	亚洲	77
萨尔瓦多	美洲	66	墨西哥	美洲	81
土耳其	亚洲	66			
波兰	欧洲	68			
保加利亚	欧洲	70			
摩洛哥	非洲	70			
越南	亚洲	70			
斯洛文尼亚	欧洲	71			
克罗地亚	欧洲	73			
新加坡	亚洲	74			
印度尼西亚	亚洲	78			

续表

"一带一路"国家			非"一带一路"国家		
国家	区域	权利距离指数	国家	区域	权利距离指数
孟加拉国	亚洲	80			
委内瑞拉	美洲	81			
罗马尼亚	欧洲	90			
俄罗斯	欧洲	93			
菲律宾	亚洲	94			
斯洛伐克	欧洲	100			
马来西亚	亚洲	100			

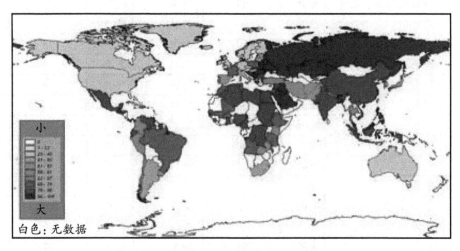

图 1　全球权利距离指数变化示意图

（2）个人主义表现

在 65 个样本国家（地区）中，个人主义表现指数较低的国家多集中在南美洲、亚洲等地；指数较高的国家主要集中于欧洲、大洋洲、北美洲。指数超过 50 的国家基本为欧洲国家（仅新西兰为大洋洲国家），孟加拉国、泰国、新加坡和越南的个人主义表现指数完全相同。

中国是一个集体主义意识非常强的国家，表2有关中国的个人主义表现指数为20。另外，萨尔瓦多、韩国、秘鲁等7国个人主义表现指数低于中国，其余国家个人主义表现指数均高于中国。相较于中国，"一带一路"沿线国家中匈牙利、拉脱维亚、爱沙尼亚等国更崇尚个人主义而非集体主义。分值最高的是匈牙利，其次为新西兰，然后是意大利、拉脱维亚等。在"一带一路"国家中，中国和东盟绝大多数国家都呈现较依赖关系网而非个人主义，员工对组织有一种心理依赖。因此东盟国家中个人主义指数与中国差异最小，而中东欧国家由于地理距离和历史背景更接近西方，社会更加崇尚个人主义。当中国企业通过并购或者绿地投资进入这些国家时，在人际关系处理、个人利益与集体利益的权衡等方面，该维度差异会对跨国企业运营产生影响。

可见，亚洲文化整体上更加强调集体主义文化，而西方文化属于典型的推崇个人价值至上的个人主义文化（文化行为表现为个人取向）。尤其是欧洲国家经历"文艺复兴"后确立了个人在社会中的中心地位，自由、平等、民主的观念根深蒂固。在这些国家中，个体价值观和道德观都鼓励追求个人成就、个人权利以及自我独立性，人们倾向于对自己负责，不需要在情感等方面依赖群体。

（3）男性特质

在65个样本国家（地区）中，男性化指数较低的国家集中在北欧地区。其他地区内国家的男性化、女性化分布不均。在"一带一路"国家中，波兰和菲律宾的男性化程度相近，男性化程度最高的是斯洛伐克，达到了100分的分值；与之形成对比的是男性化程度最低的拉脱维亚，仅为9分。

表2   全球主要国家个人主义表现指数

"一带一路"国家			非"一带一路"国家		
国家	区域	个人主义指数	国家	区域	个人主义指数
委内瑞拉	美洲	12	哥伦比亚	美洲	13
巴基斯坦	亚洲	14	墨西哥	美洲	30
印度尼西亚	亚洲	14	巴西	美洲	38
特立尼达和多巴哥	美洲	16	阿根廷	美洲	46
秘鲁	美洲	16	日本	亚洲	46
韩国	亚洲	18	印度	亚洲	48
萨尔瓦多	美洲	19	西班牙	欧洲	51
泰国	亚洲	20	芬兰	欧洲	63
越南	亚洲	20	德国	欧洲	67
新加坡	亚洲	20	瑞士	欧洲	68
孟加拉国	亚洲	20	挪威	欧洲	69
智利	美洲	23	爱尔兰	欧洲	70
马来西亚	亚洲	26	瑞典	欧洲	71
葡萄牙	欧洲	27	法国	欧洲	71
斯洛文尼亚	欧洲	27	丹麦	欧洲	74
保加利亚	欧洲	30	比利时	欧洲	75
罗马尼亚	欧洲	30	荷兰	欧洲	80
菲律宾	亚洲	32	加拿大	美洲	80
克罗地亚	欧洲	33	英国	欧洲	89
希腊	欧洲	35	澳大利亚	大洋洲	90
乌拉圭	美洲	36	美国	美洲	91
土耳其	亚洲	37			
俄罗斯	欧洲	39			
伊朗	亚洲	41			
摩洛哥	北非	46			
斯洛伐克	欧洲	52			
奥地利	欧洲	55			
捷克	欧洲	58			
马耳他	欧洲	59			
爱沙尼亚	欧洲	60			

续表

"一带一路"国家			非"一带一路"国家		
国家	区域	个人主义指数	国家	区域	个人主义指数
卢森堡	欧洲	60			
立陶宛	欧洲	60			
波兰	欧洲	60			
拉脱维亚	欧洲	70			
意大利	欧洲	76			
新西兰	大洋洲	79			
匈牙利	欧洲	80			

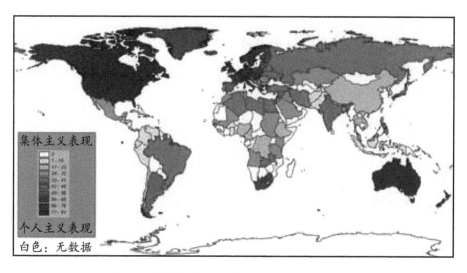

图2　全球集体主义与个人主义指数分布

　　从整体上看，绝大多数国家的男性化程度都低于中国，但是差异化程度不同。其中，"一带一路"沿线国家的拉脱维亚、立陶宛、斯洛文尼亚、爱沙尼亚等差异较大，其男性化指数不足中国男性化指数的一半。在这些国家，制度保障女性享有和男性同等的社会地位，能按女性自身的意愿选择职业和生活方式，在工作和生活中实现男女平等，因此整个社会的男女差距缩小，男性化程度低。

从事实依据来看，中国文化和英美文化都具有一定的男性化倾向，更加追求事业成功。同样，日本文化的男性气质突出。日本的女性地位也较男性低下。直至现在，仍有许多日本传统家庭坚持"男主外，女主内"的生活模式，男性化倾向比中国更为明显。[①] 对于俄罗斯来说，俄罗斯人对女性的尊重有着长期的传统，而且这种尊重女性的表现渗透在社会生活的方方面面；和中国相比，俄罗斯民族的女性气质倾向合乎社会与历史现实。与此同时，由于科技革命的影响，欧美等发达国家女性最早意识到自己的权利被剥夺，因而最早发起妇女解放运动。正是由于这一原因，女性文化在西方文化中也占有一席之地。因此，中国企业对这些国家进行投资时，企业经营管理存在较大难度，投资风险增加。此外，在中国男女分工较为明确，一些专业性和技术性岗位中女性占比较少。这种情况若出现在男性化指数低的国家容易被认为是歧视女性的表现，进而引发矛盾冲突和纠纷，增加企业的跨国经营难度。

表3　全球主要国家男性主义表现指数

"一带一路"国家			非"一带一路"国家		
国家	区域	男性化表现指数	国家	区域	男性化表现指数
拉脱维亚	欧洲	9	瑞典	欧洲	5
斯洛文尼亚	欧洲	19	挪威	欧洲	8
立陶宛	欧洲	19	荷兰	欧洲	14
智利	美洲	28	丹麦	欧洲	16
爱沙尼亚	欧洲	30	芬兰	欧洲	26

① 李燕:《中日文化的跨文化比较与研究——基于霍夫斯泰德的文化维度理论》,《牡丹江教育学院学报》2014年第6期，第25–27页。

续表

"一带一路"国家			非"一带一路"国家		
国家	区域	男性化表现指数	国家	区域	男性化表现指数
葡萄牙	欧洲	31	西班牙	欧洲	42
泰国	亚洲	34	法国	欧洲	43
俄罗斯	欧洲	36	巴西	美洲	49
乌拉圭	美洲	38	加拿大	美洲	52
韩国	亚洲	39	比利时	欧洲	54
萨尔瓦多	美洲	40	阿根廷	美洲	56
越南	亚洲	40	印度	亚洲	56
保加利亚	欧洲	40	澳大利亚	大洋洲	61
克罗地亚	欧洲	40	美国	美洲	62
秘鲁	美洲	42	哥伦比亚	美洲	64
罗马尼亚	欧洲	42	德国	欧洲	66
伊朗	亚洲	43	英国	欧洲	66
土耳其	亚洲	45	爱尔兰	欧洲	68
印度尼西亚	亚洲	46	墨西哥	美洲	69
马耳他	欧洲	47	瑞士	欧洲	70
新加坡	亚洲	48	日本	亚洲	95
巴基斯坦	亚洲	50			
马来西亚	亚洲	50			
卢森堡	欧洲	50			
摩洛哥	非洲	53			
孟加拉国	亚洲	55			
希腊	欧洲	57			
捷克	欧洲	57			
特立尼达和多巴哥	美洲	58			
新西兰	大洋洲	58			
菲律宾	亚洲	64			
波兰	欧洲	64			
意大利	欧洲	70			
委内瑞拉	美洲	73			
奥地利	欧洲	79			

续表

"一带一路"国家			非"一带一路"国家		
国家	区域	男性化表现指数	国家	区域	男性化表现指数
匈牙利	欧洲	88			
斯洛伐克	欧洲	100			

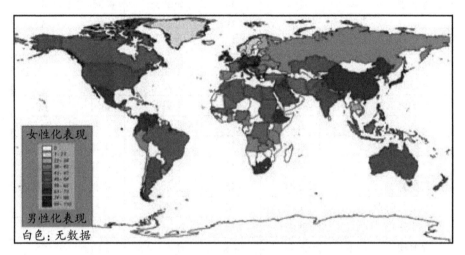

图3　全球女性化表现与男性化表现指数分布

（4）规避不确定性

在65个样本国家中，规避不确定性指数较低的国家集中在北欧、北美洲、东亚等地区；规避不确定性指数较高的国家集中在南美洲以及除北欧外的绝大部分欧洲地区。

中国是规避不确定性程度低的国家，其在该维度的得分为30分，做事不走极端，求大同存小异，保持人际关系和谐，是中国人普遍的行为准则。在"一带一路"沿线国家中，东盟国家中规避不确定性指数与中国最接近。仅新加坡、越南、马来西亚、新西兰、菲律宾和印度尼西亚6国不确定规避程度低于50分，其中新加坡的规避程度低于中国，越南与中国在此文化维度不存在任何差异。斯洛伐克的分值为 51 分，但是希腊、葡萄牙、乌拉圭、马耳他显示了极高分值（95 分以上）。这些国家将不确定性视为一种风险。"一带一路"沿线国家中不确定性规避指数最低的是新加坡，这意味着在该国员工对新事物的接受程度比较高。不确定规避程度低的国家的企业员工更加愿意创新，欢迎科技企业进行投资。波兰、俄国、塞尔维亚等不确定规避指数高的国家通常会设计较多的规章制度。这一方面对企业进入造成约束，另一方面也有利于增加决策执行力度，降低企业投资中的不确定性风险。

从各国情况来看，中国大陆传统文化中的儒教、道教和佛教使人们对不确定性有了较大的宽容和忍耐，但是中国香港社会由于特定原因在这个维度上发生了文化变迁，变成了"高"度不确定性规避文化。日本为不确定性规避程度较高的国家，也正因为如此，通过严格的制度和规范进行"全面质量管理"的形式能够在日本得到极大成功。与中国农耕文化不同，西方文化属于海洋商业文化，表现为进取开拓、向外发展、征服自然、改造世界的"外在超越"精神。西方人做事方式为"外方内方"，说话直截了当，不绕圈子，喜欢制订从来未被他人设想过的计划和措施，也愿意去从事未进行过的工作。他们更欢迎变化和新事物的出现，愿意面对来自未知领域的风险和挑战；俄罗斯民族的性格非常多元，不但有西方民族的张扬性格，也有东方民族的含蓄性格，把俄罗斯归属于不确定性规避强的国家是符合客观现实的。

表4　全球规避不确定性指数分布

"一带一路"国家			非"一带一路"国家		
国家	区域	规避不确定性指数	国家	区域	规避不确定性指数
新加坡	亚洲	8	丹麦	欧洲	23
越南	亚洲	30	瑞典	欧洲	29
马来西亚	亚洲	36	英国	欧洲	35
菲律宾	亚洲	44	爱尔兰	欧洲	35
印度尼西亚	亚洲	48	印度	亚洲	40
新西兰	大洋洲	49	美国	美洲	46
斯洛伐克	欧洲	51	加拿大	美洲	48
特立尼达和多巴哥	美洲	55	挪威	欧洲	50
伊朗	亚洲	59	澳大利亚	大洋洲	51
爱沙尼亚	欧洲	60	荷兰	欧洲	53
孟加拉国	亚洲	60	瑞士	欧洲	58
拉脱维亚	欧洲	63	芬兰	欧洲	59
泰国	亚洲	64	德国	欧洲	65
立陶宛	欧洲	65	巴西	美洲	76
摩洛哥	非洲	68	哥伦比亚	美洲	80
巴基斯坦	亚洲	70	墨西哥	美洲	82
卢森堡	欧洲	70	西班牙	欧洲	86
奥地利	欧洲	70	法国	欧洲	86
捷克	欧洲	74	阿根廷	美洲	86
意大利	欧洲	75	日本	亚洲	92
委内瑞拉	美洲	76	比利时	欧洲	94
克罗地亚	欧洲	80			
匈牙利	欧洲	82			
韩国	亚洲	85			
保加利亚	欧洲	85			
土耳其	亚洲	85			
智利	美洲	86			
秘鲁	美洲	87			
斯洛文尼亚	欧洲	88			

续表

"一带一路"国家			非"一带一路"国家		
国家	区域	规避 不确定性指数	国家	区域	规避 不确定性指数
罗马尼亚	欧洲	90			
波兰	欧洲	93			
萨尔瓦多	美洲	94			
俄罗斯	欧洲	95			
马耳他	欧洲	96			
乌拉圭	美洲	98			
葡萄牙	欧洲	99			
希腊	欧洲	100			

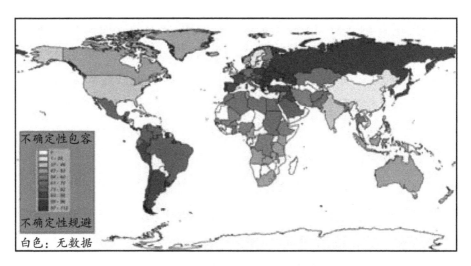

图4　全球不确定性规避指数分布

（5）长短期取向

在65个样本国家（地区）中，北非、南美洲等区域国家更偏向于短期取向；而东亚、欧洲等地区更依赖于长期取向的生活方式。

中国的长期取向指数为87分，这说明中国文化十分强调长期取向。与其他文化维度不同，除韩国外，"一带一路"国家在此维度的分数全都低于中国。其中，巴基斯坦处于中间水平（50分），这意味着巴基斯坦对于长短期取向并无十分明显偏好。大部分国家从长期取向维度看，中国与伊朗、菲律宾、泰国等国家差距较大，这种差距突出体现在企业绩效激励方面。例如，受长期取向文化影响的中国企业员工习惯于不懈努力，吃苦耐劳，考核周期通常为季度、半年甚至一年。而短期取向型国家，企业对员工绩效考核十分频繁，每周、每半月、每月都可能会有考核并制定相应激励措施。因此，中国企业投资短期取向型国家并按原有考核模式进行管理时可能会出现激励不足情况。这将导致员工积极性不高，企业生产效率下降。另外，短期取向员工若发觉公司前景不明，将选择短期利润更高的企业。由此将导致企业凝聚力下降进而影响企业长期发展。同时，中国企业在经营管理过程中十分看重长期稳固的"关系"建立，而这在伊朗、菲律宾、泰国等注重短期合作利益的国家通常难以实现，因此这种文化差异可能会给中方企业带来一定损失。

中国一贯注重长远规划，比较突出"关系"的作用；同样在日本，国家以长远的目光来进行投资，每年利润并不重要，最重要的是逐年进步以达到一个长期目标。西方国家偏向短期取向，在这种文化里，人们关注社会责任的履行，认为此时此地才是最重要的。由于长期处在开放的地理环境中，人们更加注重一时的享受。① 例如，美国文化看重当前形势，追求立竿见影的成效。

---

① 支昱洁:《跨文化交际中的中西文化差异——以霍夫斯泰德文化维度理论为视角》，《汉字文化》2018 年第 1 期，第 115–116 页。

表5 全球主要国家长短期取向指数

"一带一路"国家			非"一带一路"国家		
国家	区域	长短期取向指数	国家	区域	长短期取向指数
特立尼达和多巴哥	美洲	13	哥伦比亚	美洲	13
伊朗	亚洲	14	阿根廷	美洲	20
摩洛哥	非洲	14	澳大利亚	大洋洲	21
委内瑞拉	美洲	16	墨西哥	美洲	24
萨尔瓦多	美洲	20	爱尔兰	欧洲	24
秘鲁	美洲	25	美国	美洲	26
乌拉圭	美洲	26	挪威	欧洲	35
菲律宾	亚洲	27	丹麦	欧洲	35
葡萄牙	欧洲	28	加拿大	美洲	36
智利	美洲	31	芬兰	欧洲	38
泰国	亚洲	32	巴西	美洲	44
新西兰	大洋洲	33	西班牙	欧洲	48
波兰	欧洲	38	印度	亚洲	51
马来西亚	亚洲	41	英国	欧洲	51
希腊	欧洲	45	瑞典	欧洲	53
土耳其	亚洲	46	法国	欧洲	63
孟加拉国	亚洲	47	荷兰	欧洲	67
马耳他	欧洲	47	瑞士	欧洲	74
斯洛文尼亚	欧洲	49	比利时	欧洲	82
巴基斯坦	亚洲	50	德国	欧洲	83
罗马尼亚	欧洲	52	日本	亚洲	88
越南	亚洲	57			
匈牙利	欧洲	58			
克罗地亚	欧洲	58			
奥地利	欧洲	60			
意大利	欧洲	61			
印度尼西亚	亚洲	62			
卢森堡	欧洲	64			
拉脱维亚	欧洲	69			

续表

"一带一路"国家			非"一带一路"国家		
国家	区域	长短期取向指数	国家	区域	长短期取向指数
保加利亚	欧洲	69			
捷克	欧洲	70			
新加坡	亚洲	72			
斯洛伐克	欧洲	77			
俄罗斯	欧洲	81			
立陶宛	欧洲	82			
爱沙尼亚	欧洲	82			
韩国	亚洲	100			

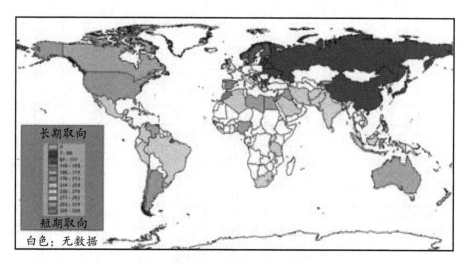

图5　全球长短取向指数分布

（6）放纵与约束

在65个样本国家中，放纵与约束指数较低的国家多集中于欧洲、亚洲。该指数较高的国家多集中于美洲、大洋洲（澳大利亚和新西兰）。从总体上看，大多数"一带一路"国家放纵程度处于相对较低水平，即社会对于个人放纵的忍受程度较低，要求成员自我约束。只有委内瑞拉、萨尔瓦多、特立尼达和多巴哥等10个国家对个人的约束较低。巴基斯坦的长短期取向为0分，即巴基斯坦文化要求严格约束个人行为。立陶宛、保加利亚和爱沙尼亚3国的放纵与约束指数完全相同（同为16分），孟加拉国、俄国、黑山、罗马尼亚4国也同为20分。该指数完全相同说明这几个国家在此维度上国家间没有文化差异。

中国属于高约束国家（其放纵与约束指数为24分），这与中国传统文化相符。在"一带一路"共建国家中，委内瑞拉的放纵与约束指数最高，在企业管理中也更加包容，且允许员工自由发挥。然而，中国企业文化通常要求员工按规矩办事，对员工的约束力相对较强。放纵与约束指数较高的国家中，企业员工可能难以忍受公司严格的管理规定，且新的想法、理念因难以得到认同而无法获得当地员工的支持。这使中国企业在此类国家的经营管理面临一系列问题。"一带一路"沿线国家中，巴基斯坦存在较为极端的情况，其放纵与约束指数为零。这意味着在该国投资必须遵循当地各种管理规定，完全不允许破格行事。巴基斯坦是极为典型的伊斯兰国家，在该国进行投资时需要注意诸多禁忌。例如喝酒、吃猪肉等是被严格禁止的行为。否则，投资者应特别注意，以免引发文化冲突。

表6 全球主要国家放纵与约束指数

"一带一路"共建国家			非"一带一路"共建国家		
国家	区域	放纵与约束指数	国家	区域	放纵与约束指数
巴基斯坦	亚洲	0	印度	亚洲	26
拉脱维亚	欧洲	13	德国	欧洲	40
立陶宛	欧洲	16	日本	亚洲	42
保加利亚	欧洲	16	西班牙	欧洲	44
爱沙尼亚	欧洲	16	法国	欧洲	48
孟加拉国	亚洲	20	挪威	欧洲	55
罗马尼亚	欧洲	20	比利时	欧洲	57
俄罗斯	欧洲	20	芬兰	欧洲	57
摩洛哥	亚洲	25	巴西	美洲	59
斯洛伐克	欧洲	28	阿根廷	美洲	62
波兰	欧洲	29	爱尔兰	欧洲	65
捷克	欧洲	29	瑞士	欧洲	66
韩国	亚洲	29	美国	美洲	68
意大利	欧洲	30	加拿大	美洲	68
匈牙利	欧洲	31	荷兰	欧洲	68
葡萄牙	欧洲	33	英国	欧洲	69
克罗地亚	欧洲	33	丹麦	欧洲	70
越南	亚洲	35	澳大利亚	大洋洲	71
印度尼西亚	亚洲	38	瑞典	欧洲	78
伊朗	亚洲	40	哥伦比亚	美洲	83
菲律宾	亚洲	42	墨西哥	美洲	97
泰国	亚洲	45			
新加坡	亚洲	46			
秘鲁	美洲	46			
斯洛文尼亚	欧洲	48			
土耳其	亚洲	49			
希腊	欧洲	50			
乌拉圭	美洲	53			
卢森堡	欧洲	56			
马来西亚	亚洲	57			

续表

"一带一路"共建国家			非"一带一路"共建国家		
国家	区域	放纵与约束指数	国家	区域	放纵与约束指数
奥地利	欧洲	63			
马耳他	欧洲	66			
智利	美洲	68			
新西兰	大洋洲	75			
特立尼达和多巴哥	美洲	80			
萨尔瓦多	美洲	89			
委内瑞拉	美洲	100			

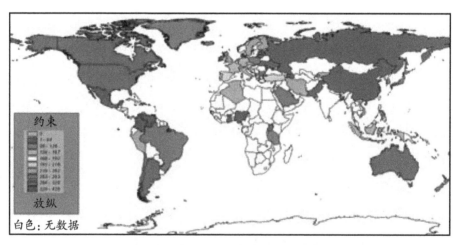

图 6　全球放纵与约束指数分布

三、文化距离影响投资安全的差异性分析

本部分内容用文化距离衡量文化差异，分析文化距离在不同类型国家中的具体作用方式及区域差异，揭示文化距离对我国对外直接投资，尤其是对"一带一路"国家直接投资的作用规律；

同时，依据数据可获得性选取"一带一路"国家样本，计算其与中国的"综合文化距离"，以期为我国企业"走出去"、高质量推进"一带一路"投资合作提供参考。

1. 测算各国与中国文化距离

相较于其他文化距离测算方法，霍夫斯特德的文化距离测算方法被证实是十分有效的。[①] 为此，本文采用 KSI 指数（Kogut and Singh Index）方法 [②] 对文化距离进行测算。公式为：

$$cd_j = \frac{1}{6} \sum_{k=1}^{6} \left(I_k - I_{jk} \right)^2 / V_k$$

其中，cd_j 为中国与 j 国的文化距离；I_k 为中国在第 k 个文化尺度上的得分，分数范围为 1—100；I_{jk} 为 j 国在第 k 个文化尺度上的得分，V_k 为所有样本国家在第 k 个文化尺度上的分数方差。基于相关数据的可获得性，选取了 58 个国家作为样本。各样本国家与中国的文化距离如表 7 所示。

与中国文化距离最为接近的国家主要分布于东南亚及南亚。新加坡（0.559）、印度尼西亚（0.577）和越南（0.684）为 3 个与中国文化距离最为接近的国家。在"一带一路"沿线国家或地区中，中国同东南亚地区及南亚地区的文化距离极低，同西亚北非地区适中，同中东欧地区有所扩大；在非"一带一路"沿线国家或地区中，中国同西北欧地区、美洲地区在文化上具有较大差异。

---

① 李倩楠:《文化距离对中国企业投资"一带一路"国家区位选择的影响》，南京大学出版社，2017。

② 通过对每个文化维度差异进行校正，取平均偏差进行测算的方法。

表 7　全球主要国家与中国的文化距离指数

中文名	文化距离	中文名	文化距离
新加坡	0.559	希腊	2.748
印度尼西亚	0.577	斯洛文尼亚	2.807
越南	0.684	伊朗	2.808
印度	0.781	比利时	2.828
孟加拉国	0.919	秘鲁	2.946
斯洛伐克	1.154	匈牙利	2.998
马来西亚	1.416	拉脱维亚	3.170
捷克	1.458	英国	3.443
保加利亚	1.507	马耳他	3.462
克罗地亚	1.514	葡萄牙	3.483
菲律宾	1.543	智利	3.529
韩国	1.551	加拿大	3.553
巴基斯坦	1.584	芬兰	3.628
罗马尼亚	1.962	特立尼达和多巴哥	3.680
俄罗斯	1.992	奥地利	3.691
爱沙尼亚	2.013	乌拉圭	3.693
德国	2.016	阿根廷	3.730
巴西	2.055	爱尔兰	3.817
泰国	2.141	荷兰	3.932
土耳其	2.188	哥伦比亚	4.005
日本	2.235	墨西哥	4.130
意大利	2.258	美国	4.259
卢森堡	2.327	委内瑞拉	4.471
立陶宛	2.443	新西兰	4.482
西班牙	2.482	挪威	4.546
瑞士	2.506	澳大利亚	4.651
法国	2.519	瑞典	4.709
摩洛哥	2.658	萨尔瓦多	4.738
波兰	2.744	丹麦	5.181

2. 实证文化距离与投资安全相关性

本部分意在构建引力模型并将投资安全相关影响因素全部纳入，实证分析"文化距离"和"投资安全"的相关性，验证"S"形曲线存在与否，对文化距离分区间定量阐释其作用的趋向和程度。

（1）模型设定

我们的分析使用的是扩展投资引力模型且已将投资引力模型对数线性化并引入了系列控制变量。具体公式如下：

$$lnof_{jt} = \beta_0 + \beta_1 cd_j + \beta_2 cd2_j + \beta_3 cd3_j + \beta_4 lndis_j + \beta_5 lntr_{jt} + \beta_6 wgi_{jt} + \beta_6 lng_{jt} + \beta_7 lng_{it} + \beta_8 ope_{jt} + \mu_{jt}$$

其中，$lnof_{jt}$ 为第 t 年中国对 j 东道国的对外直接投资存量；cd_j、$cd2_j$、$cd3_j$ 分别为中国与 j 东道国的文化距离、文化距离平方项、文化距离立方项（这些为本文所要探究的核心解释变量）；disj 为中国与 j 东道国的地理距离；tr_{jt} 为第 t 年中国与 j 国的双边贸易额；wgi_{jt} 为第 t 年 j 国的政府治理指数；g_{jt}、g_{it} 分别为第 t 年东道国与中国的国内生产总值；ope_{jt} 为第 t 年 j 国外资开放度；μ_{jt} 为随机扰动项。

因 dis、cd 变量不会时时变化，所以采用面板数据随机效应模型（FGLS、MEL）进行回归，并用混合最小二乘法进行对照分析。

（2）变量选取

本文选取中国对外投资存量为被解释变量，文化距离为核心解释变量，并设置了地理距离等六个控制变量。各变量具体含义与相关数据来源如表 8 所示：

表 8 中国对外投资变量选取

	变量	变量含义	数据来源
被解释变量	中国对外投资存量（OFDI）	基于以往文献，大多数学者在进行实证研究的时候均认为对外投资存量是优于对外投资流量的。由于投资流量会伴有负值，因此本文采用中国对外投资存量作为被解释变量。	2010—2019 年《中国对外直接投资统计公报》
解释变量	文化距离（cd$_j$）	文化距离采用 KSI 指数方法进行测算，公式为： $$cd_j = \frac{1}{6}\sum_{k=1}^{6}\left(I_k - I_{jk}\right)^2 / V_k$$ 其中，cd_j 为中国与 j 国的文化距离；I_k 为中国在第 k 个文化尺度上的得分，分数范围为 1—100；I_{jk} 为 j 国在第 k 个文化尺度上的得分，V_{jk} 为所有样本国家在第 k 个文化尺度上的分数方差。	霍夫斯泰德文化尺度官网
控制变量	地理距离（dis）	地理距离将影响两国投资活动、经贸往来的成本与便利程度，进而影响投资区位的选择。本文采用两国首都的距离表示两国地理距离。	CEPII 的 GeoDist 数据库
	双边贸易量（tr）	双边贸易量大小反映了两国已有的经贸往来密切程度。贸易合作较为密切的国家，理论上具有更大的投资选择倾向。	中国经济信息网数据库
	政府治理指数（wgi）	wgi 为衡量一国制度质量的指标体系，值越高代表该国的制度质量越高。一国政府的治理效力与制度质量将影响到投资的顺利展开。	世界银行全球治理指标（wgi）
	东道国经济规模（gj）	东道国经济规模越大，意味着该国市场更加丰富，生产潜力、消费潜力也越大，对 OFDI 更有吸引力。这里用东道国的国内生产总值表示该国的经济规模。	WDI 数据库
	中国经济规模（gi）	母国自身的经济发展水平是影响对外投资的先决条件。经济规模越大，越有能力与资本展开对外直接投资。本文采用中国国内生产总值表示中国经济规模。	WDI 数据库
	外资开放度（ope）	东道国开放程度越高，外资在该国更易获得便利，更有助于投资活动的展开。	WDI 数据库

注：为消除潜在差异，对 OFDI 存量、地理距离、双边贸易量、东道国经济规模、中国经济规模取自然对数处理。

表9　与中国文化距离样本国家选取

国家	地区	发达国否	"一带一路"共建国家否	国家	地区	发达国否	"一带一路"共建国家否
爱尔兰	欧洲	是	否	摩洛哥	非洲	否	是
爱沙尼亚	欧洲	是	是	澳大利亚	大洋洲	是	否
奥地利	欧洲	是	是	新西兰	大洋洲	是	是
保加利亚	欧洲	否	是	菲律宾	亚洲	否	是
比利时	欧洲	是	否	韩国	亚洲	是	是
波兰	欧洲	否	是	马来西亚	亚洲	否	是
丹麦	欧洲	是	否	日本	亚洲	是	否
德国	欧洲	是	否	泰国	亚洲	否	是
俄罗斯	欧洲	否	是	新加坡	亚洲	是	是
法国	欧洲	是	否	印度尼西亚	亚洲	否	是
芬兰	欧洲	是	否	越南	亚洲	否	是
荷兰	欧洲	是	否	阿根廷	美洲	否	否
捷克	欧洲	是	是	巴西	美洲	否	否
克罗地亚	欧洲	否	是	哥伦比亚	美洲	否	否
拉脱维亚	欧洲	是	是	加拿大	美洲	是	否
立陶宛	欧洲	是	是	美国	美洲	是	否
卢森堡	欧洲	是	是	秘鲁	美洲	否	是
罗马尼亚	欧洲	否	是	墨西哥	美洲	否	否
马耳他	欧洲	是	是	萨尔瓦多	美洲	否	是
挪威	欧洲	是	否	特立尼达和多巴哥	美洲	否	是
葡萄牙	欧洲	是	是	委内瑞拉	美洲	否	是
瑞典	欧洲	是	否	乌拉圭	美洲	否	是
瑞士	欧洲	是	否	智利	美洲	否	是
斯洛伐克	欧洲	是	是	巴基斯坦	亚洲	否	是
斯洛文尼亚	欧洲	是	是	孟加拉国	亚洲	否	是
西班牙	欧洲	是	否	伊朗	亚洲	否	是
希腊	欧洲	是	是	印度	亚洲	否	否
匈牙利	欧洲	否	是	土耳其	亚洲	否	是
意大利	欧洲	是	是				

国家	地区	发达国否	"一带一路"共建国家否	国家	地区	发达国否	"一带一路"共建国家否
英国	欧洲	是	否				

（3）样本国家划分

将样本国家除了进行区域划分外，还按是否为发达国家和是否为"一带一路"国家进行划分。具体如表9所示：

（4）计量结果分析

初始检验

对核心解释变量及所有控制变量基于全样本数据进行相关性检验并进一步考察各变量的方差膨胀因子。各变量 VIF 均小于10，说明不存在多重共线性问题。

全样本分析

在全样本分析结果中，无论运用何种回归方法，文化距离 cd、cd2、cd3 的回归系数均为负、正、负，且结果显著。这证明中国 OFDI 与各国文化距离"S"形曲线关系的存在。

中国与东道国的生产水平与对各国的 OFDI 均呈显著正相关关系。这表明中国某年的经济状况或东道国的生产水平将同时对该国的投资量起到显著积极影响；但东道国生产水平的回归系数，无论是从其显著性，还是从回归系数的数值来看，均要小于中国生产水平的回归系数。从表10可以看出，对于所用样本国家而言，母国（中国）生产水平对投资量的影响程度要大于东道国生产水平的影响。在对外进行投资时，投资者本身的经济状况是决定投资行为是否发生的先决条件。当我国经济状况发展较好、生产水平较高时，国内各类投资者更有可能有充足的资本与能力进行对外投资。

表 10   全样本检验结果

变量	（1） 普通最小二乘法估计	（2） 广义最小二乘法估计	（3） 最大似然法估计
文化距离	-4.623**	-7.313***	-7.316**
	（-2.43）	（-3.10）	（-2.53）
文化距离平方项	1.702*	2.620***	2.621**
	（-1.99）	（-2.67）	（-2.26）
文化距离立方项	-0.203*	-0.300**	-0.300**
	（-1.70）	（-2.22）	（-2.13）
地理距离	0.476	0.316	0.316
	（-1.13）	（-0.59）	（-0.55）
双边贸易	0.930***	0.245	0.244
	（-3.21）	（-0.76）	（-1.21）
东道国政府治理	0.359	0.147	0.146
	（-0.89）	（-0.42）	（-0.5）
东道国国内生产总值	0.511*	0.818**	0.818***
	（-1.79）	（-2.13）	（-3.36）
中国国内生产总值	2.417***	2.588***	2.589***
	（-7.78）	（-9.96）	（-15.69）
东道国外资开放度	0.026*	0.003	0.003
	（-1.77）	（-1.08）	（-0.72）
常数项	-89.097***	-88.588***	-88.578***
	（-8.71）	（-8.75）	（-11.66）

注：***、**和*分别表示1%、5%和10%水平上的显著性；回归系数下方的括号中为t值。

为找到适用于不同类型国家的合理投资区间，我们根据回归结果，构建如下公式全样本拟合方程，其中 C 表示文化距离为 0 时的 OFDI 量。这里我们主要考察投资量与文化距离之间的关系，不对 C 赋予固定值：

$$lnof_{jt} = C - 7.313cd_j + 2.620cd2_j - 0.300cd3_j$$

　　计算得到两个拐点值分别为 cd=2.32、cd=3.5。这说明当 cd < 2.32 或 cd > 3.5 时，文化距离对投资产生的消极影响起主导作用，对一国投资量随文化距离的增大而增大。所以，当我国与东道国的文化距离小于 2.32 或大于 3.5 时，应重点考虑文化距离的消极影响。在该范围内，文化距离越大，越减少对其投资量；而当 2.32 < cd < 3.5 时，文化距离对投资产生的积极影响起主导作用，而且对外投资量随文化距离的增大而增大。所以，当我国与东道国的文化距离处于此区间时，应重点考虑文化距离的积极影响。当文化距离越大时，越可增加对这些国家的投资量。

　　结果如图 7 所示：

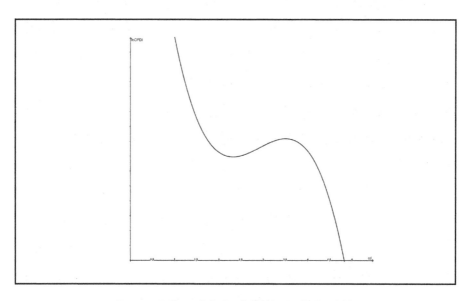

图 7　文化距离与投资量的"S"相关性

　　对"一带一路"国家的分析

　　对于"一带一路"样本国家，无论运用何种回归方法，文化距离 cd、cd2、cd3 的回归系数均为负、正、负，且结果显著。

这表明中国对"一带一路"共建国家 OFDI 与各国文化距离的"S"形曲线关系依然存在。文化距离三项回归系数与非"一带一路"国家（地区）、全样本国家的对应回归系数相比，绝对值更大。这表明在"一带一路"共建国家中，各国与中国的文化距离将在各个阶段对中国 OFDI 产生更加强烈影响。对于非"一带一路"样本国家（地区），无论运用何种回归方法，文化距离 cd、cd2、cd3 的回归系数也均为负、正、负，且结果显著。这表明中国对非"一带一路"国家 OFDI 与各国文化距离的"S"形曲线关系也依然存在。

中国的生产水平与对各国的 OFDI 呈显著正相关关系表明，中国某年的经济状况将对该年对各国的投资量起到显著积极影响；而"一带一路"东道国的生产水平对其投资量的影响十分微弱，回归系数值也很低。这同时也表明在对"一带一路"共建国家投资决策中，东道国的经济发展水平并不是决定性因素。该结果与事实也是相符合的。已与我国签署协定的大部分"一带一路"共建国家为发展中国家更多需要通过吸引外资来发展经济，并补齐基础设施落后、市场缺乏活力等制约经济发展的短板。我国在对"一带一路"共建国家进行投资决策时，并不以获取投资利润为唯一目的，而是更多将结交国际友好关系、重塑国际治理格局等因素考虑在内。因此，"一带一路"东道国的生产力水平并不显著影响我国对其投资决策。对于非"一带一路"共建国家（地区），中国与东道国的生产水平与对各国的 OFDI 均呈显著正相关关系。这表明中国与东道国某年的经济状况将对该年对各国的投资量同时起到显著积极影响，而东道国的生产水平影响作用要稍弱于我国当年生产能力的影响作用。

对发达与发展中国家的分析

对于发达国家，文化距离 cd、cd2、cd3 的回归系数均为负、正、负。虽然运用不同的方法，其显著性会有所不同，但仍可基本判定中国对发达国家 OFDI 与各国文化距离的"S"形曲线关系也是存在的；对于发展中国家，无论运用何种回归方法，文化距离 cd、cd2、cd3 的回归系数均为负、正、负，且结果更为显著。这表明中国对"一带一路"共建国家 OFDI 与各国文化距离的"S"形曲线关系依然存在。

发达国家的 GDP 回归系数显著为正，说明该区域东道国的经济发展水平是我国对外投资决策所要考虑的关键因素，也意味着通过对外投资获利是我们对发达国家进行投资的关键目的。当一国 GDP 较大时，该国可能有更加广阔、潜力更大的消费市场；对其进行投资，相比于市场较小且消费能力较低的国家来说，更容易成功并获取更大利润。我国作为发展中国家，在对发达国家进行投资时，可能会面临更多制度、文化等方面的差异与阻碍。尤其与以美国为代表的国家进行经贸、资本往来时，竞争意味更为浓厚。因此，相比于通过经贸、资本往来促进两国友好、合作关系等其他战略目的，通过投资活动而达到投资本身的获利目的是我国投资者更多考虑的因素，而东道国的 GDP 水平在此方面起到一定指示作用。

中国和发展中国家的双边贸易量与对各国的 OFDI 呈显著正相关关系表明，双边经济往来将在中国某年的经济状况对各国的投资量起到显著积极影响。这也证实了我国对于发展中国家的投资，除获取利润之外，基于双边经济往来与友好关系而进行投资也是重要考量因素；而发展中国家的生产水平对其投资量的影响不显著。由此进一步证实在对发展中国家投资决策中，东道国的经济发展水平并不是决定性因素。我国是发展中国家，与世界上其他发展中国家有着更多的利益交织点与合作点。对一些经济发展水平较低的发展中国家进行投资，可能面临着投资收益较低甚至为负的投资结果。在此情况下，中国仍对这些发展中国家开展投资活动，更多的是国家层面的战略考量。在世界范围内承担大国责任，对低收入国家带有一定援助性质，与各国结交友好伙伴关系，是我们对发展中国家进行投资时所考量的重要因素。相比之下，这类国家的发展水平以及由此可能产生的投资风险尤其是投资亏损风险将不作为我国是否对其进行投资的决定性因素。

对分区域国家的分析

东亚及东南亚

在东南亚区域，无论运用何种回归方法，文化距离 cd、cd2、cd3 的回归系数均为负、正、负，且结果显著，系数值较大。这表明中国对东南亚国家 OFDI 与各国文化距离的"S"形曲线关系依然存在。

结果中，东道国的 wgi 回归系数显示为正。这表明东南亚国家制度质量将对我国的 OFDI 起到积极影响。由于东南亚国家与我国亲缘关系较近，往来较为密切，有着天然的投资优势，各国政府治理水平则是我国对其投资所需考量的重要方面。政府治理水平越高，社会制度越规范，外来投资者的合法权益更易受到保障。而东道国 GDP 回归系数为负值，但数值较小。这表明东南亚国家的生产总量对我国的投资决策影响作用较小，或有微弱的负向影响。原因可能是对于大部分东南亚国家，国民生产总值并不能完全代表其经济发展程度。例如，泰国的国民生产总值远超新加坡，但从经济发展程度来看，新加坡无疑是投资者更好的选择。

表 11 "一带一路"共建国家与非"一带一路"共建国家回归结果比较

变量	"一带一路"共建国家			非"一带一路"共建国家		
	普通最小二乘法估计	广义最小二乘法估计	最大似然法估计	普通最小二乘法估计	广义最小二乘法估计	最大似然法估计
文化距离	-8.497*	-11.352**	-11.239**	-9.841***	-10.900***	-10.895***
	(-1.80)	(-2.21)	(-2.42)	(-5.24)	(-5.85)	(-5.78)
文化距离平方项	3.963	5.009**	4.970**	3.257***	3.590***	3.588***
	(-1.68)	(-1.97)	(-2.54)	(-4.56)	(-5.64)	(-4.98)
文化距离立方项	-0.565	-0.692*	-0.687***	-0.330***	-0.364***	-0.363***
	(-1.63)	(-1.83)	(-2.77)	(-3.92)	(-4.77)	(-4.32)
地理距离	0.783	0.902	0.886	1.249***	0.887**	0.962*
	(-1.62)	(-1.56)	(-1.2)	(-4.11)	(-2.43)	(-1.89)
双边贸易	0.822**	0.305	0.323	0.830***	0.218	0.286
	(-2.23)	(-0.73)	(-1.21)	(-2.88)	(-0.97)	(-1.26)
东道国政府治理	-0.005	-0.335	-0.317	1.009***	0.788***	0.849***
	(-0.01)	(-0.63)	(-0.80)	(-4.73)	(-2.68)	(-3.04)
东道国国内生产者总值	0.698*	0.639	0.658*	0.378	0.716**	0.702***
	(-1.7)	(-1.17)	(-1.78)	(-1.02)	(-2.19)	(-2.86)
中国国内生产总值	2.398***	2.575***	2.559***	2.497***	2.690***	2.668***
	(-5.32)	(-6.45)	(-10.32)	(-8.67)	(-9.7)	(-17.16)
东道国外资开放度	0.033	0.006	0.006	-0.002	-0.003	-0.003
	(-1.39)	(-1.55)	(-0.89)	(-0.27)	(-0.98)	(-0.69)
常数项	-92.645***	-87.645***	-87.902***	-89.563***	-90.811***	-91.535***
	(-6.14)	(-6.57)	(-8.39)	(-7.23)	(-7.83)	(-11.89)

注：***、** 和 * 分别表示 1%、5% 和 10% 水平上的显著性；回归系数下方的括号中为 t 值。

表 12 发达国家与发展中国家回归结果比较

变量	发达国家			发展中国家		
	普通最小二乘法估计	广义最小二乘法估计	最大似然法估计	普通最小二乘法估计	广义最小二乘法估计	最大似然法估计
文化距离	-4.386	-8.547**	-9.002***	-14.771***	-15.944***	-15.883***
	(-1.62)	(-2.43)	(-2.75)	(-3.68)	(-4.00)	(-4.26)
文化距离平方项	1.199	2.610*	2.761**	7.314***	7.632***	7.621***
	(-1.07)	(-1.93)	(-2.26)	(-3.66)	(-3.88)	(-4.78)
文化距离立方项	-0.107	-0.244	-0.258*	-1.056***	-1.083***	-1.083***
	(-0.83)	(-1.61)	(-1.86)	(-3.61)	(-3.71)	(-5.23)
地理距离	0.661***	0.573	0.584	0.678	0.795	0.774
	(-3.04)	(-1.06)	(-1.1)	(-1.52)	(-1.55)	(-1.01)
双边贸易	0.295	-0.24	-0.289	0.913***	0.785***	0.810***
	(-0.75)	(-0.57)	(-1.37)	(-3.14)	(-4.53)	(-2.8)
东道国政府治理	2.025*	0.463	0.159	-1.553**	-0.941*	-0.994**
	-2	-0.55	-0.26	(-2.16)	(-1.89)	(-2.26)
东道国国内生产总值	0.870***	1.271***	1.289***	0.165	0.161	0.166
	(-2.91)	(-2.97)	(-5.44)	(-0.54)	(-0.51)	(-0.45)
中国国内生产总值	3.067***	3.046***	3.062***	2.085***	2.120***	2.104***
	(-7.4)	(-9.29)	(-18.81)	(-4.7)	(-5.51)	(-7.45)
东道国外资开放度	0.028*	0.006	0.006	0.056	0.006	0.006
	(-1.99)	(-1.29)	(-1.52)	(-1.41)	(-0.75)	(-0.51)
常数项	-112.114***	-108.376***	-108.003***	-66.903***	-65.618***	-65.544***
	(-7.84)	(-9.54)	(-14.09)	(-5.35)	(-7.04)	(-5.95)

注：***、**和*分别表示1%、5%和10%水平上的显著性；回归系数下方的括号中为t值。

美洲

经计算，lntr 的方差膨胀因子为 25.97，大于 10 的临界值，因此剔除 lntr 变量进行回归分析。结果表明，文化距离 cd、cd2、cd3 的回归系数均为负、正、负。运用不同的方法，其显著性虽有所不用，但仍可以基本判定中国对美洲国家 OFDI 与各国文化距离的"S"形曲线关系的存在。

在美洲国家中，wgi 回归系数明显为负。这表明某国政府较好的治理效力可能会对我国在这些国家的 OFDI 产生不利影响。原因可能在于：美洲国家与我国文化距离差距较大。尤其在以美国为首的部分国家，越发盛行的保护主义与我国贸易投资摩擦冲突不断。更强有力的政府治理可能意味着对我国投资产生更加严重的排斥现象；美洲国家的 GDP 回归系数显著为正，说明该区域东道国生产水平以及由此产生的消费市场规模与活力度是我国对外投资决策所要考虑的关键因素，也意味着通过对外投资获利是我们对美洲国家进行投资的关键目的。

欧洲

对于欧洲国家，文化距离 cd、cd2、cd3 的回归系数均不显著。在分别剔除文化距离平方项、立方项之后重新对模型进行回归，发现同样不具有显著性。这说明我国与欧洲国家的文化距离没有对我国对该区域的投资产生显著影响。文化传播与资本全球流动、信息技术革命是分不开的，而欧洲历史上正是资本全球流动、信息技术革命的始发地。凭借资本、技术等方面的优势，欧洲文化广泛渗透到了世界各地并产生了深远影响。这体现在规则制定、控制全球化走势等方面。包括我国在内的许多国家在一定程度上认可并接受了部分欧洲文化且纷纷效仿。因此，我国与欧洲各国的文化差异可能不会对投资决策产生较大影响。另一方面，欧洲文化与其他各国的历史与文化背景有着许多相通之处，欧洲各国文化对我国投资所产生的积极或消极影响，其程度和作用方式差异较小。因此，在选择欧洲国家进行投资决策时，文化距离不作为重要考虑因素。

欧洲国家的 GDP 回归系数显著为正，说明该区域东道国的经济发展水平是我国对外投资决策所要考虑的关键因素。欧洲发达国家居多，因此通过对外投资获利是我们对欧洲国家进行投资的关键目的。

表 13　全球主要区域国家回归结果比较

变量	东亚及东南亚	美洲	欧洲		
	（1）	（2）	（3）	（4）	（5）
文化距离	-27.948***	-73.000*	0.609	-0.02	-0.028
	（-8.29）	（-1.90）	（-0.1）	（-0.02）	（-0.08）
文化距离平方项	18.708***	25.777**	-0.218	-0.001	
	（-5.83）	（-2.17）	（-0.10）	（-0.01）	
文化距离立方项	-3.850***	-2.893**	0.023		
	（-4.43）	（-2.46）	（-0.1）		
地理距离	0.547**	-1.416	1.359**	1.344**	1.345**
	（-2.1）	（-1.20）	（-2.06）	（-2.09）	（-2.25）
双边贸易	0.721***		-0.352	-0.348	-0.349
	-2.81		（-0.77）	（-0.77）	（-0.78）
东道国政府治理	0.615***	-1.163**	0.397	0.398	0.396
	（-5.82）	（-2.27）	（-0.56）	（-0.59）	（-0.59）
东道国国内生产总值	-0.512***	1.664***	1.137**	1.143**	1.143**
	（-3.20）	（-7.76）	（-2.32）	（-2.46）	（-2.46）
中国国内生产总值	2.028***	3.192***	2.962***	2.960***	2.960***
	（-5.41）	（-3.55）	（-7.96）	（-7.96）	（-7.98）
东道国外资开放度	-0.013	0.112	0.004	0.004	0.004
	（-1.11）	（-1.03）	（-0.98）	（-0.99）	（-0.99）
常数项	-38.605***	-50.85	-116.634***	-116.107***	-116.092***
	（-3.93）	（-1.53）	（-8.37）	（-7.98）	（-8.21）

注：***、**和*分别表示1%、5%和10%水平上的显著性；回归系数下方的括号中为 t 值。

稳健性检验

本文重点研究了各类国家与我国文化距离对我国 OFDI 的影响结果与作用机制。为了进一步检验上述实证结果的稳健性，我们将文化距离采用标准欧氏距离进行测算，替换原模型中 KSI 指数测算的文化距离。标准欧氏距离计算如公式所示。

$$cd_j = \sqrt{\sum_{k=1}^{6}\left(I_k - I_{jk}\right)^2 / V_k}$$

实证结果显示，对于核心解释变量文化距离，无论采用何种方式进行计算，都不会影响其显著关系。回归结果没有受到影响，结论具有稳健性。

3. "一带一路"沿线国家投资安全的"文化距离评级"

根据实证结果，对"一带一路"沿线国家投资安全的文化距离评级分为适宜、一般、限制、预警等级别。文化距离 < 2.32 时，文化距离对投资产生的消极影响起主导作用（对一国投资量随文化距离的增大而增大，为"近距离限制"区间）；文化距离 > 3.5 时，文化距离对投资产生的消极影响同样起主导作用（对一国投资量随文化距离的增大而增大，为"远距离限制"区间）。而当 2.32 < 文化距离 < 3.5 时，文化距离对投资产生的积极影响起主导作用（对一国投资量随文化距离的增大而增大，为"适宜投资"文化距离区间）。样本国家的文化距离评级结果如表 14 所示。

表 14　全球主要国家和地区投资安全"文化距离评级"

评级	区间	国家
近距离限制	文化距离＜2.32	新加坡、印度尼西亚、越南、印度、孟加拉国、斯洛伐克、马来西亚、捷克、保加利亚、克罗地亚、菲律宾、韩国、巴基斯坦、罗马尼亚、俄罗斯、爱沙尼亚、德国、巴西、泰国、土耳其
适宜投资	2.32＜文化距离＜3.5	日本、意大利、卢森堡、立陶宛、西班牙、瑞士、法国、摩洛哥、波兰、希腊、斯洛文尼亚、伊朗、比利时、秘鲁、匈牙利、拉脱维亚、英国、马耳他、葡萄牙
近距离限制	文化距离＞3.5	智利、加拿大、芬兰、特立尼达和多巴哥、奥地利、乌拉圭、阿根廷、爱尔兰、荷兰、哥伦比亚、墨西哥、美国、委内瑞拉、新西兰、挪威、澳大利亚、瑞典、萨尔瓦多、丹麦

四、结束语

本研究收集了 2010—2019 年 58 个国家的相关数据，并运用扩展投资引力模型，采用面板数据随机效应方法（广义最小二乘法、最大似然法）以及混合最小二乘法进行实证分析。其论证了文化距离在不同发展水平、不同区域以及是否为"一带一路"国家中对中国 OFDI 的具体影响与差异，形成了有关各样本国家的投资安全的"文化距离评级"。具体结论与相应建议如下：

A. 无论是对发达国家、发展中国家，还是对"一带一路"共建国家、非"一带一路"共建国家，各类型国家与我国文化距离对 OFDI 都有着"S"形相关关系（即对一国 OFDI 量随文化距离的增加先上升后下降的趋势）。这是对外投资过程中，"外来者优势"与"外来者劣势"两种力量相互作用所产生的结果。不同文化距离的国家有着不同的合理投资区间，我国投资者应该对其加以辨别，寻找到对应于不同类型国家的最合适投资量范围并更好地发挥"外来者优势"，规避"外来者劣势"。

B. 东亚及东南亚国家、美洲国家与我国文化距离对 OFDI 依然有着"S"形曲线关系，而欧洲国家与我国文化距离对 OFDI 不存在显著影响。欧洲文化在世界范围内的强大影响力与包容性以及欧洲各国相似的文化背景使我国与欧洲国家的文化距离不对我国对该区域的投资产生显著影响。对于欧洲国家的投资也要特别注意其与我国文化距离的特殊性，避免忽略文化距离而导致盲目投资。

C. 除文化距离外，其他因素对 OFDI 的影响也在不同类型、不同区域的国家中呈现出一定的共性与差异性。例如，我国生产能力在各类国家中对 OFDI 均存在显著正向影响。发达国家、美洲国家、欧洲国家的 GDP 回归系数显著为正；而发展中国家的生产水平对其投资量的影响不显著。"一带一路"东道国的生产水平对其投资量的影响十分微弱。这表明在对"一带一路"国家投资决策中，东道国的经济发展水平并不是决定性因素。

D. 文化距离评级结果显示，新加坡、印度尼西亚、越南、印度、孟加拉国、斯洛伐克、马来西亚、捷克、保加利亚、克罗地亚、菲律宾、韩国、巴基斯坦、罗马尼亚、俄罗斯、爱沙尼亚、德国、巴西、泰国、土耳其为"近距离限制"投资东道国；智利、加拿大、芬兰、特立尼达和多巴哥、奥地利、乌拉圭、阿根廷、爱尔兰、荷兰、哥伦比亚、墨西哥、美国、委内瑞拉、新西兰、挪威、澳大利亚、瑞典、萨尔瓦多、丹麦为"远距离限制"投资东道国。在这两类国家中，文化差异将对投资安全产生限制负向影响。而日本、意大利、卢森堡、立陶宛、西班牙、瑞士、法国、摩洛哥、波兰、希腊、斯洛文尼亚、伊朗、比利时、秘鲁、匈牙利、拉脱维亚、英国、马耳他、葡萄牙为"适宜投资"东道国，文化差距合理，投资安全性较高。

E. 中国和发展中国家的双边贸易量与对各国的 OFDI 呈显著正相关关系。这表明双边经济往来将在中国某年的经济状况对该年对各国的投资量起到显著积极影响。东南亚国家制度质量将对我国的 OFDI 起到积极影响；而在美洲国家中，wgi 回归系数显著为负。这表明一国政府更优的治理效力可能会对我国对其 OFDI 产生不利影响。因此，要结合不同国家的具体情况，综合考虑各方面因素，有针对性地制定投资决策。

随着"一带一路"国际合作的不断推进，如何保证其高质量可持续发展尤为重要。文化差异是对外投资决策中需要考虑的关键要素。笔者认为，应基于民族文化影响对外投资的认知，从文化距离六维度所体现的文化差异视角出发，进一步掌握并揭示文化距离对我国对外直接投资尤其是对"一带一路"共建国家直接投资的规律，以更好地发挥"民心相通"对"资金融通""贸易畅通"的基础性作用，助力"一带一路"投资合作高质量发展。

第二部分

Annual Report on Cultural Diplomacy of China's Belt and Road Initiative in 2021/2022

人文交往篇

张耀军　江训斌①

"一带一路"视域下北京文化国际传播实践路径探析

内容介绍

〔**摘　要**〕推动北京文化国际传播是新时代繁荣兴盛首都文化的题中应有之义。高质量共建"一带一路"为北京文化提升国际影响力提供了历史性契机。借助"一带一路"倡议推动北京文化国际传播，需要明晰逻辑思路，妥善处理北京文化与首都文化、中华文化、世界文化的关系；梳理北京文脉，打造北京文化标识；紧跟信息时代，推进数字文化发展；语言互通为先，加大语言文化建设；发挥冬奥效应，做强城市体育外交。

〔**关键词**〕北京文化；"一带一路"倡议；数字文化；语言文化；体育外交

---

①　张耀军，北京第二外国语学院中国"一带一路"战略研究院教授，主要研究方向为"一带一路"人文外交和全球语言治理。江训斌，北京第二外国语学院中国"一带一路"战略研究院硕士研究生，主要从事"一带一路"人文外交与语言政策研究。

一、文化是一个国家、一个民族的灵魂

对于一座城市而言，文化是反映城市内涵特质的基因标识和体现城市竞争力的核心资源。一个国家、一座城市的影响力归根结底取决于文化的魅力和影响力。加强北京文化国际传播是北京建设国际交往中心、提升城市国际化水平的重要步骤和内在需要。从文化走出去视角看，北京文化是一种具有鲜明地域特色的中华文化，具有开放包容的突出价值内涵，长期处于中外文明交流互鉴的前沿地带。"一带一路"互联互通客观上要求北京加速发展成为国际交往的重要行为体，而深度嵌入国际体系的北京则能更好地发挥其独特的城市文化资源作用。[①] 以"一带一路"为平台推动北京文化国际传播，有助于推动北京在世界城市文化发展坐标上的位置不断前移，彰显经济全球化背景下北京文化独特的本土性、标识性，提升北京城市国际形象。有助于从北京文化、中华文化中寻找全人类共同价值的阐释基础，为新时代讲好中国故事，增强国家文化软实力，更好展现真实、立体、全面的中国做出北京贡献。然而，当前推动北京文化国际传播面临如下三方面挑战。

1. 国际层面：逆全球化思潮阻碍对外人文交流

近年来，随着全球人文交流范围、强度、广度、速度、深度都远超过往规模，不同文化之间的深层次矛盾也逐渐凸显出来，各国多元文化价值观的差异性日益成为北京文化国际传播不可忽

---

① 王义桅、刘雪君：《"一带一路"与北京国际交往中心建设》，《前线》2019 年第 2 期。

视的人文因素。特别是 2020 年年初以来，新冠肺炎疫情在全球多点交错爆发，逆全球化思潮再起，经济全球化在曲折中艰难前行。受疫情影响，中美关系呈现恶化势头，美借疫情"污名化"中国，限制中国留学生赴美研读，将多所中国高校列为出口管制"实体清单"等，中美人文交流遇挫波及"一带一路"国际合作中的人文交流。北京文化国际传播除了遭遇美西方凭借军事科技经济优势所建构的文化霸权主义、信息帝国主义压制外，还要面对中美关系竞争上升引发的"新常态危机"。此外，"一带一路"国际合作的辐射范围穿越中华、印度、波斯—阿拉伯、希腊—罗马四大文明圈。这里是一种"百教交集"的多元人文交流带，呈现民族宗教错落、文明形态多样、文化交融突出的特点。鉴于部分国家对华认知存在偏颇并肆意散播五花八门的"中国威胁论"，北京文化国际传播所面对的国际环境异常复杂。

2. 国内层面：中华文化海外传播共性问题有待克服

当前，推动中华文化走出去的机构虽然较多，但它们均不同程度面临着如下亟待重视和解决的问题。从传播内容看，存在"重商业、轻文化""重文艺、轻思想""重传统、轻当代""重数量、轻质量""重同一性、轻差异性"等问题。这导致中华文化丰富多彩的人文特征难以得到充分展示。[①] 从传播地区看，存在"重发达国家、轻发展中国家""重双边、轻多边""重国别、轻区域"等问题。从传播对象看，存在"重精英、轻大众""重官方、轻民间"等问题。从传播手段看，还存在低效、无效传播，

---

① 谢伦灿、杨勇：《"一带一路"背景下中国文化走出去对策研究》，《现代传播》2017年第 12 期。

手段和形式比较单一、感染力不强等问题。从传播话语看，存在"概念漂浮""话语空转"和"传播失真"现象以及中国故事国际表达不强的问题。从传播方式看，文化走出去还存在资源和项目同质化、扎堆现象以及统筹协调尚需加强的问题。从传播战略看，文化产业的发展与文化战略的推进和实施还有待进行更好的协调。而就文化产业而言，与发达国家相比，我国文化企业国际竞争力偏弱，在全球文化贸易价值链中还处于中低端位置，文化产品创新不足，供给与国外大众兴趣点脱节，缺乏品牌效应。上述问题也不同程度存在于"一带一路"视域下北京文化国际传播进程之中。

3. 北京层面：北京文化国际传播的特色路径尚需厘清

北京在对接"一带一路"国际合作资源过程中，尚缺乏将对外文化传播与中国核心价值相结合的理念和做法。其虽重视塑造国家形象，但却未能明确建构北京文化身份，没有通过文化传播精准表达北京的文化内涵和精神价值。根据2018年世界最佳城市品牌排名，北京位居第51位，城市品牌软实力需要加强。从传播视角看，由于对"一带一路"共建国家的宗教、文化、民俗、历史等缺乏深入了解，北京文化对外传播还缺乏针对性和精准性。为此，要重视北京文化国际传播中所存在的国家记忆、"首都表达"不足的短板，强化"北京故事"的国际表述。为此，需要在如下几个方面加大理论思索和实践力度：进一步明晰北京文化走出去的战略设计、加快理顺文化对外传播的管理体制机制、提高对外文化产品质量、加快培养具有国际竞争力的大型文化创意企业、提高对外文化交流的良好国际语言环境、加大语言文化人才培养、加强国际文化创意街区的打造等。

　　比如，北京文化对外交流多是官方或半官方机构或组织在推动，完全由社会力量开展的对外文化交流还不够多，尚未形成广泛的对外文化交流体系的民间支撑。在具有营利性质的对外文化产业方面，可以看到市场化的文化企业，但是在公益性的对外文化交流中，基本只有北京市文化局、北京人民对外友好协会等机构的活动身影，而且这些官方机构还停留在依靠政府单方面开展讲好"北京故事"的初始阶段。北京市的民间组织能够主动面向"一带一路"沿线国家和地区开展文化交流的并不多，能够独立自主策划和开展有影响的文化交流活动的更少。值得指出的是，过于依靠官方或半官方力量，鲜明的"政府行为"及浓厚的"官方色彩"往往容易招致外方反感和疑虑，进而影响对外人文交流的实效。①

　　再如，学界对"一带一路"沿线国家和地区文化发展现状的研究虽然已经取得了一定进展，但是相关研究还不够全面和深入，国家文化层面的研究成果居多，城市文化层面的研究成果较少。同时，在有关"一带一路"沿线国家和地区的文化研究中，大多采用的是文献研究法，建立在实地调研基础上的研究成果较少。在研究基础不够扎实的情况下，北京市面向"一带一路"共建国家和地区开展的文化交流活动的针对性自然不够强。②

　　此外，文化企业的功利心态影响了北京文化国际传播的深度融合。比如，一些企业过分注重文化产业化进程，忽视了文化传播的内容和质量，缺乏提供具有国际影响力和竞争力的文化产品

---

① 曾祥明、曹海月：《新时期北京对外文化交流的制约因素及其化解之策探析》，《中共济南市委党校学报》2019 年第 3 期。

② 张国：《"一带一路"战略下北京市对外文化交流的成效提升研究》，《南方论坛》2018 年第 8 期。

及服务；由于语言、传统文化以及生活习惯的原因，加之缺少熟悉海外市场以及文化差异的专业推广运营人才和面向国际的文化贸易中介组织，文化产品开发和运营的国际化水平偏低，文化在输出过程中往往会出现文化折扣现象；文化企业不仅缺乏推进国际传播的整体战略规划，而且开展国际传播的渠道也较为狭窄，多数企业在开发海外市场时大都采用授权代理模式，基本不掌握当地市场主导权。①

二、推动北京文化国际传播的实施路径

1. 妥善处理北京文化与首都文化、中华文化、世界文化的关系

北京作为大国首都，要有大国气魄和世界眼光，其发展要以北京文化为底蕴，重在彰显首都文化特色。要紧紧围绕"首都风范"来谋划北京文化的国际传播，并以北京文化的"时代风貌"彰显首都文化的国际价值。着力打造丝路北京文化品牌，放大首都文化影响效应，通过讲述北京的中国故事让首都北京成为中华文明的国际展示舞台。

作为具有鲜明特色的地域文化，北京文化是中华文化特质的一个侧面、角度、环节和要素的体现，有着悠久的历史、丰富的素材、鲜活的人物以及生动的细节。作为全国的政治中心、文化中心、国际交往中心和科技创新中心，北京汇聚了丰富的外事资源、文化资源、科技创新资源和大型企业资源，在中华文化国际

---

① 宫玉选：《提升文化企业国际影响力　推动北京成为一流国际文化中心》,《前线》2018 第 6 期。

传播上要发挥重要作用，并通过国内资源聚集支撑中华文化的海外传播，深入探索挖掘地域文化的多重意涵，并通过多种类型的文化构建，折射出层次丰富、内涵厚重的中国国家形象。

北京文化走出去需要在中华文化的民族特性与世界文化的共通属性中把握平衡，在世界性的文明交流互鉴中通过展示北京文化中所突出包含的"和合"中华文化精神，为世界提供中华文化发展的"北京经验"和"北京启示"，让受众在理念融通和价值共享中实现民心相通。为此，北京文化国际传播要立足中国、面向全球，发挥文化在共建"一带一路"方面所承担的重要历史使命，将自身打造成为"一带一路"人文交流的重要连接枢纽，开拓面向共建"一带一路"国家和地区的国际文化市场，促进城市开放度、文化首位度、国际认可度的有机统一，服务国家对外人文交流大局。

2. 梳理北京文脉，打造北京文化标识

当前主要世界城市的文化标识几乎均有着深厚的文化价值，或源自历史传统，或反映时代进程。北京拥有丰富的文化资源，因此北京文化的国际传播首先要做到从北京文化的根入手，找准北京文化的特色，打造专属北京的文化名片，构建独有的北京文化之"魂"。在此基础上，我们应加大对传统和现代文化资源的深度挖掘和精品打造，构筑具有代表性特征和国际影响力的北京文化价值体系和文化标识，锻造"北京形象""北京印记""北京符号""北京品牌""北京故事"，凝练对外文化传播的"北京经验"。

城市文化符号是城市文化精神的象征。① 作为城市中的重要构成要素，建筑是城市独有的标识语言，其所承载的思想理念是时代人文精神的集中体现，是城市个性中最直接、最易被感知的表现元素。在北京城市发展史上，不同时代累积下来的胡同、牌坊、院落、民居、街道等构成了城市文明的基本形态。② 这些宝贵的文化遗产不仅是活着的传统，更是代表城市独特性的历史要素。北京文化国际传播要以历史文化遗存为载体，通过北京文化价值体系的塑造，让传统文化动起来、活起来；要注重梳理北京在丝路历史上的文化遗产，在发展北京丰富的非物质文化遗产和深厚的文化资源基础上，联合丝路沿线各国共同保护丝路文化遗产，唤醒沿线各国沟通和联系的文化基因与共同记忆。为此，建议制定"北京丝路历史文化遗产保护与利用工程计划或行动纲要"，对北京有历史记忆价值的丝路史迹和遗址进行全面梳理、系统保护。

3. 紧跟信息时代，推进数字文化发展

当前全球正在兴起新一轮科技革命和产业变革，5G、大数据、云计算、移动互联、区块链、虚拟现实、人工智能等变革性新技术正在深刻影响全球文化产业发展，对新时代国际文化秩序构建具有划时代意义。当前基于数字技术和信息基础设施的文化创意日益成为城市发展的动力，文化创新性和创意独特性日益成为保持文化生命力的关键。比如，人工智能技术正从根本上改变文化内容生产、分发和变现过程，并由此提供了一种全新的

---

① 王一川:《北京文化符号与世界城市软实力建设》,《北京社会科学》2011 年第 2 期。
② 袁瑾:《城市更新，别丢了文脉》,《光明日报》2019 年 7 月 17 日第 13 版。

文化展陈模式，彰显出人工智能技术赋能文化传播的"无边界想象"。① 在此背景下，将文化产业与数字技术深度融合，加大对"文化＋科技""文化＋数字"等新型业态发展支持力度，用数字化方式将北京文化理念传递出去。这对将北京建设成为国际交往中心，尤其是推动北京文化在"一带一路"沿线国家的国际传播具有重要的历史意义。

建议进一步加大数字技术与文化发展相互融合意识，聚焦数字创新创意设计，加大研发投入，加大培养"文化＋数字技术"复合型人才，发展人工智能赋能文化产业等关键数字技术的研发，发展科技文化产业园区。在数字文化旅游方面，建议以新一代信息技术领域为中心，结合云游戏、数字音乐等场景需求，加快培育壮大新业态新模式，搭建国际化协同创新平台；加快传统出版企业数字化转型，推动信息技术、内容渠道、资本市场等要素融合发展；打造全球文化艺术展示交流交易平台、国际文化贸易跨境电商平台等交流合作机制；推进"一带一路"文化贸易与投资重点项目展示活动，推动对外文化贸易基地与数字文化产业聚集区"双区联动"等。②

4. 以语言互通为先导，加大语言文化建设

语言是文化的载体，文化传播离不开语言助力。不管是推动北京文化的国际传播，还是打造开放包容的北京城市形象，语言都是不可或缺的助推器。"一带一路"沿线国家和地区是全球语言多样性最为丰富、文化差异性最为突出的地区。加强语言文化建

---

① 《推进人工智能与文化产业深度融合》，《北京日报》2019年8月19日第14版。
② 魏薇：《北京多举措扩大文旅消费》，《人民日报》2020年6月12日。

设，既是降低交易成本、促进经济发展的重要手段，也是推进跨文化对外交流、体现城市对异国公众友好包容的必要手段。

（1）关注语言文化安全

推动北京文化在"一带一路"沿线国家和地区的国际传播不仅要懂得沿线国家的语言，还要了解语言背后深藏的风俗习惯、历史传统、社会心理、文化意识、宗教信仰和民族关系等。更要在了解文化的基础上把握其思想观念和价值内核，实现从语言到文化、从文字到思想、从概念到情感的路径融合，并最终服务于"一带一路"沿线国家民心相通事业。为此，要保持高度的语言敏感性。特别是在与"一带一路"沿线国家政策对接、项目合作、日常沟通时，要妥为应对多元文明、文化差异所暗含的潜在风险，通过有效的语言沟通和适度的文化交流化解分歧、管控冲突，让语言做沟通的润滑剂而不是冲突的催化剂，避免因顾及不周或处置不当可能造成对"丝绸之路精神"的误读和对"一带一路"倡议的误解。[①]

（2）发展语言产业经济

积极探索将语言资源转化为文化资源和资本资源的实施路径。在平等互尊、互利共赢的前提下，利用共建国家语言文化资源开发旅游产品，打造具有鲜明特色的语言、文字和文化经济形态，既发展语言经济，也保护语言文字，并通过语言产业进一步拉紧与沿线国家经济利益纽带。

（3）改善语言景观

语言景观以公共标牌为载体，是现代城市不可或缺的一道

---

① 孙吉胜：《国家外语能力建设与"一带一路"的民心相通》，《公共外交季刊》2016年第3期。

"风景线"，也是公共空间话语权竞逐的重要阵地，能够集中展示城市语言服务的国际化水平及其对多元文化的包容程度，其柔性建构作用不容忽视。[①] 建议从北京建设国际交往中心的战略高度把语言景观纳入城市治理体系和治理能力提升范畴，开展系统性的城市语言形象建设，从加强语言服务和语言管理层面改善语言景观，深入研究城市语言景观中语言文字的类型、大小、颜色、位置以及与周边环境的协调关系等，用公共标牌文本塑造开放包容的城市形象，使其更好地服务于城市认同及国家形象的培育，增强"一带一路"共建国家和地区对北京文化的理念与情感认同。

5. 发挥冬奥效应，做强城市体育外交

举办一届"精彩、非凡、卓越"的北京冬奥会有助于更好地向世界展示古都北京的历史文化底蕴和人文精神。建议围绕国际交往中心建设，以举办2022年冬奥会为契机，按照"文化引领、商业支撑、文旅带动、产业融合"原则，打造具有"北京韵味"、国际标准的文化品牌，培育具有创新创意的文化精品，不断提高文化品牌定位和增值能力，向世界展示北京文化所蕴含的"中国价值"。冬奥结束后，还可以继续以城市体育外交为主轴开展"一带一路"体育文化外交，服务并依托冬奥文化理念，以中国冰雪大会、冰雪产业论坛、冬博会等活动赛事及平台，着力打造冬奥精品旅游文化线路，在丰富的文化体育活动中讲好"北京故事"和"中国故事"。[②]

---

① 巫喜丽、战菊：《打造"一带一路"亮丽语言风景线》，《光明日报》2019年7月27日第12版。

② 于丹：《首都文化治理与全国文化中心建设》，《前线》2020年第5期。

焦思盈 ①

以纪录片传播为"一带一路"中华文化走出去探寻新模式

内容介绍

〔摘　要〕"一带一路"国际合作倡议蕴含着丰富的中华传统文化智慧。全球疫情持续蔓延之际，各国人文交流大幅减少，中华文化国际传播也面临严峻挑战。

随着"一带一路"国际合作的持续深化，中华文化"走出去"可以利用网络与数字技术的传播优势，积极探索纪录片传播新模式，寻求共同人文语境，激发受众情感共鸣，以此有效增进中华文化跨文化传播，提高中华文化软实力。

〔关键词〕纪录片；一带一路；中华文化"走出去"

① 焦思盈，北京第二外国语学院中国"一带一路"战略研究院助理研究员、北京第二外国语学院英语学院硕士研究生，主要研究方向为"一带一路"人文外交、语言经济学。本文系北京第二外国语学院研究生科学研究一般项目"'一带一路'倡议下中华文化走出去实践路径研究"（2020GS14YB05）阶段性成果。

时下，新冠肺炎疫情仍在全球肆虐，对各国经济社会发展和人们生产生活造成极大冲击。随着疫情蔓延，国际社会涉华舆情出现复杂动向，某些西方国家别有用心，借疫情抹黑中国，中华文化"走出去"再次面临严峻挑战。中国主张不同文明交流互鉴，认为文化交流在保持各国关系正常化方面有着不可替代的作用。"和谐高于冲突"是中华文化强调的文明价值观。上述挑战也在考验中华文化与其他文化的兼容性以及与其他文化和谐共处的能力。

一、引言

目前，中华文化在世界范围内的辐射力和影响力已得到极大提升。美国南加州大学外交研究中心与英国波特兰公关公司联合发布的《全球软实力研究报告》[①]（*A Global Ranking of Soft Power*）显示，中国软实力世界排名从 2015 年的第 30 位上升至 2019 年的第 27 位，综合指数由 40.85 上升至 51.25。其中在分类指数排名中，中国文化软实力稳定在第 8 或第 9 名。相较于其他 3 个亚洲国家（日本、韩国、新加坡），文化影响力略低于日本，高于韩国和新加坡。通过对比发现，虽然我国的文化影响力指数排名相对较高，但是在"digital（数字）"这一分类指数下我国却常年徘徊在第 30 位左右，这也是导致中国整体排名不高的主要因素之一。"数字"分类指数的得分主要依据一个国家互联网用户的数量以及网络开放的程度。由此可见，中国文化影响力亟须提升对

[①]　数据来源：THE SOFT POWER 30，https://softpower30.com/，访问日期：2020 年 7 月 3 日。

外数字传播能力。而未来受疫情影响，网络办公、线上教育、非接触交流等"数字模式"将逐渐与旧有模式相互补充，成为中华文化"走出去"的重要新途径。

二、探索纪录片的传播方式

"文化间性"思想是哲学思想"主体间性"在文化领域的延伸与应用。它强调文化之间的差异性和同一性，主张文化之间平等交流对话。有学者提出，从某种意义上说，"文化间性"是西方哲学中的"主体间性"问题在文化领域的具体体现，克服二元对立的主客关系，寻求一种多元主体间的共同存在、交互作用和融合生成，并通过彼此交往实践形成新的世界存在。① 充分应用"文化间性"理论来实现跨文化的交流，即使是文化信仰各不相同的两方，在进行沟通交流之后，基本都会发现一些双方都认同的领域，从而体现出有意义的文化重合。这个共同的文化领域就是中外合拍片应当展示出来的"文化间性"。②

如何寻求共同的文化语境，通过纪录片传递中国的价值观和生活模式、打破跨文化壁垒，是当代纪录片所需要思考的最重要问题之一。在新媒体时代，纪录片作为一种跨文化传播方式，已经不仅仅局限于在电视上播出，而是在全网融合的大背景下催生出网生纪录片。这一类纪录片以计算机技术为基础，依赖网络媒体和移动媒体的传播，将两种不同领域内的数字化本质特征和基

---

① 郑德聘：《间性理论与文化间性》，《广东广播电视大学学报》2008 年第 4 期，第 73–77 页。

② 李天成：《从文化的主体性走向文化间性——对当下中外合拍片的一种文化反思》，《传媒论坛》2020 年第 9 期，第 144 页。

本属性深度融合、相互渗透。①

　　不同于其他电影或电视艺术形式，纪录片以真实生活为创作素材，在内容上具有较强的真实度和可信度，因此具有较高的学术研究价值，而且不必受时长的限制。国产纪录片是承载中华文化与价值观的最佳跨国传播媒介之一。② 依托"一带一路"倡议，借助纪录片这种传播形式讲述中国故事，能够助力中华文化"走出去"。

1. 精心选择纪录片的主题

　　目前，我国文化海外传播仍然存在"重传统、轻当代"的倾向。从某种意义上说，现代中华文化的传播尚处于"缺席"境地。③ 在以往文化传播过程中，我们有些过于强调春节、孔子、汉字等传统文化象征符号的传播内容，并在一定程度上轻视了对作为记录现代中华文化载体之一的纪录片的传播。在"一带一路"国际合作背景下，推动中华文化走出去、助力实现民心相通需要推出一些具有中国元素并且深入探讨人类生存发展主题的纪录片。如果推动中华文化"走出去"的内容能够与目标群体的生活、生命、生存密切关联，受众就有可能在深层次上主动接受和欣赏中华文化。

　　本文以如下三个纪录片《杜甫——中国最伟大的诗人》《风味人间》（第二季）以及《人间世·抗击疫情特别节目》为例，

---

　　① 李润楠：《浅析新媒体语境下国产纪录片的发展与传播》，《视听》2020 年第 6 期，第 61-62 页。
　　② 黄文峰：《谈纪录片的对外传播策略——以三部"一带一路"题材纪录片为例》，《对外传播》2018 年第 8 期，第 41-42 页。
　　③ 张恒军、曹波、孙冬惠：《构建中华文化海外传播的三个基础共识》，《哈尔滨师范大学社会科学学报》2016 年第 6 期，第 177-181 页。

根据每个纪录片所展现的不同主题（即家国、食物、生命）来探讨在"一带一路"倡议下中华文化"走出去"的新路径。

（1）生存

"安得广厦千万间，大庇天下寒士俱欢颜"体现的是唐代诗人杜甫忧国忧民忧天下的家国情怀。这种情怀不但是中华民族历来推崇的优秀精神品质，更是世界各国各民族价值认同的表现。2020年4月，BBC投资制作并推出了一部58分钟的纪录片——《杜甫——中国最伟大的诗人》（*Du Fu: China's Greatest Poet*）。这部作品一经推出就在世界范围内引起不小的轰动。这是BBC少有的关于诗歌题材的纪录片，而且主角不是莎士比亚或者雪莱，正是我国的"网红"诗人杜甫。BBC最受欢迎的主持人之一、历史学家迈克尔·伍德到访中国，重新踏访杜甫生前的足迹。在这部纪录片中，BBC专门邀请了英国国宝级演员伊恩·麦克莱恩爵士，用深沉而又充满张力的英音吟诵了15首杜甫的诗文译作。在该片中，BBC把杜甫、莎士比亚、但丁并称为特殊的一类人，因为他们创造的价值成为后世诗歌的评判标准。如果说文化"走出去"是一种双向交流过程，那么不同于我们主体视角的这部纪录片用客体（西方）视角将杜甫进行了一次全新的解读。它认为杜甫的价值远远超越了一个诗人的范畴。作为一个忧国忧民、具有浓厚家国情怀的诗人，杜甫的诗歌能够象征整个文明在道德上的感悟能力，具有强烈的感染力。在这里，BBC无疑是借助纪录片以一种全新的视角让观众了解到灿烂的中华文明。这虽然是一个从中华文化的受众角度制作的文化传播作品，但在一定程度上更能够满足目标群体的需求和意愿。有学者认为文化与传播同构的难点在于：当文化的偏向与传播的偏向互现的时候，不同文化背景的人与人之间的理解与沟通就会显得很难。① 他者是主体构建自我意义的必备要素,通过他人的视角,有助于构建自我的完整性。而中华文化的"一带一路"之旅,也可以借鉴这种方式增强文化的传播效果,借助沿线国家知名媒体平台讲述中国的故事,传递中国的价值观。

（2）生活

俄国作家 Y.A. 冈察洛夫曾说,人无疑是大地的主人,却又是肠胃的奴隶。民以食为天,饮食是人类永恒的主题。在"互联网＋纪录片"的创作和播出模式下,美食逐渐成为一个重要题材。2020 年 4 月,一部美食探索类纪录片——《风味人间》（*Once upon a Bite*,第二季）在各大视频网站播出,获得了网友的一致好评。该片共八集,摄制组跨越全球六大洲,以全景式呈现人与食物、人与人以及人与世界的关系,带领观众理解不同文明饮食文化的差异。饱含寓意的文案、流畅的拍摄手法、"电影质感"的视听水准,让人们在大饱眼福的同时,也领略本片的人文之美。该片的一大亮点就是其中的名人名言,搭配契合的文案,让该纪录片在捕捉人间烟火的同时,又不乏哲学的意味。例如,"每每到了冬日,才能实实在在触摸到了岁月"（冯骥才）;又或是,"所有人的嘴唇都在翕动、追忆,所有人的眼睛都在闪亮、流泪"（耶胡达·阿米亥）。除此之外,该片不再只局限于中华饮食,而是深入挖掘不同地区饮食习惯的差异。《风味人间》的制作理念间接反映出"文化间性"理论的特征,差异性与同一性以及二者之间存在的辩证统一关系。一方水土养一方人,对同一种食材多样化

---

① 单波:《跨文化传播的基本理论命题》,《华中师范大学学报》（人文社会科学版）2011 年第 1 期, 第 103—113 页。

的处理方式，折射出不同地区背后不一样的文化渊源。这种集万千风味于一体的理念，与"一带一路"倡议所蕴含的中华优秀传统文化中"美美与共、和而不同"的人文精神高度契合。在跨文化交流中，对多元化维度和多样化深度进行分析整合，在"我者"与"他者"相互理解中建构价值观、观念和认知认同或许是促进人类进入整体性、协调性的社会生活润滑剂，是进行跨文化传播创作的真正意义。① 当代流行的美食纪录片用世界观众易于理解的方式，以饮食为手段，探讨属于中国文化的世界观、价值观和对于生活方式、人际关系的理解，深刻影响到公众对于自身文化的想象方式，强化了共有的生活经验和共享的文化模式。美食纪录片传递出来的文化要素与价值系统具有跨文化的穿透力，是古老中华文明在当代传承与发展的重要依托。② 所以，在"一带一路"倡议下推动中华文化"走出去"，要深入挖掘隐藏在不同文化背后的共通点，寻求大众情感的着力点，以贴近生活的方式激起广泛共鸣点。

（3）生命

在全球新冠肺炎疫情肆虐的大背景下，生命是全人类共同关注的字眼。现代社会中，生命的开始与结束不可避免地涉及"医疗""医患关系"等问题，而这一直都是复杂又难以解决的根源性社会问题。话题宏大并且难以阐释是许多文化传播者都敬而远之的题材。早在 2016 年，上海广播电视台与上海市卫生和计划生育委员会联合拍摄的一部医疗新闻纪录片——《人间世》（*Life*

---

① 刘艳：《跨文化传播视角下的纪录片叙事模式研究——以〈风味人间〉为例》，《视听》2019 年第 11 期，第 129–130 页。

② 梁君健：《追美食纪录片正成为一种生活方式》，光明网，https://news.gmw.cn/2020-07/15/content_33993801.htm。

Matters）获得了网络的高分好评。该片摒弃了宏大的叙事结构，以医院为拍摄地点，从细微处聚焦医患双方面临病痛、生死考验时的重大选择，从人性的视角深入探讨了生命的意义，展现了真实的人间百态。新冠肺炎疫情发生之后，该纪录片团队再次出发，完成了《人间世·抗击疫情特别节目》的拍摄。他们深入武汉抗疫前线，直面凶狠的病毒给人们带来的无情而最沉重的痛苦，真实地记录了人们内心深处的情感。在该片中，来自上海各大医院不同科室近百名的医护人员组成了一支强大的队伍，日以继夜地抢救患者的生命。这部纪录片充分展现了中国人在面对重大突发公共卫生事件时所表现出的团结、勇气与力量，更是鲜明地体现出了中国社会"人民生命至上"的核心价值取向。这一核心价值观是中国传统思想文化构建当代中国社会文化认同机制的实践，也是中国文化最深刻、最富有内涵的内容之一。"一带一路"民心相通建设的重要人文基础是坚持"以民为本、人民至上"的理念，这也是达成民心相通目标的唯一途径。通过纪录片传递我们的理念与价值观，借以影响观众的情感，让观众看到镜头下真实的中国，不失为一种有效的传播方式。

2. 努力完善纪录片的传播机制

"一带一路"倡议下中华文化"走出去"的实践路径不但要继续依赖于已有的文化传播机构与平台，更要着重挖掘新媒体平台的优势，充分运用互联网思维和新科技手段，拓宽传播渠道，推动传播模式升级。

（1）整合资源，推动全媒体融合发展

充分利用国家媒体、各大视频网站、社交网络等传播平台，打通平台之间的壁垒以及国家、地区之间网络访问的限制，推动形成"一带一路"传播媒体全方位融合。

（2）完善财政投入机制

《文化部"一带一路"文化发展行动计划》[①] 指出，设立文化部"一带一路"文化交流专项基金，鼓励社会力量参与，引导社会资本投入"一带一路"文化发展建设。

（3）构建国内外知名机构的合作机制

完善"一带一路"文化交流合作平台建设，重点推出"丝绸之路国际纪录片展"合作项目。鼓励个人、机构等与其他国家联合摄制纪录片，选取大众化主题，深入挖掘与之契合的中华文化内容，寻求共同文化语境。在过去十年中，中外合拍纪录片一直是一大趋势。在此基础上，加强与知名品牌机构联合制作，借船出海，依托国际平台传递中华文化。

（4）完善纪录片的译出机制

加快译制过程，提高译制质量，培养纪录片翻译人才等。

三、结束语

"和合共生"是中华优秀传统文化的思想精髓。世界各地区文化多元，传播方式多样，但最终都离不开对人类社会永恒主题——生活、生命、生存的探讨。这是所有文化的共通点，也是人类命运共同体理念的核心所系。"一带一路"倡议下中华文化"走出去"需要努力探索沿线国家共同的人文语境以及大众的情感着力点。纪录片是目前所有影视形式中最贴近真实生活的一种

---

① 《文化部"一带一路"文化发展行动计划（2016—2020 年）》，http://www.scio.gov.cn/31773/35507/35519/Document/1538864/1538864.htm。

传播媒介，有助于"一带一路"共建国家文化群体跨越障碍和壁垒，并在当代生活的语境下认识真实的中国人和中华文化。无论载有什么样的传播内容，只有触碰到人类最朴实的情感并激发起人们内心最深层次的共鸣，才能够使文化更好地被接受和追求。

张鹤曦 ①

关于中国网络文学在"一带一路"共建国家传播的思考

内容介绍

〔**摘 要**〕中国网络文学作为一种新兴文化交流形式，正在成为"一带一路"倡议民心相通的先行者和实践者。近年来，在"一带一路"倡议带动下，网络文学海外传播迎来了发展新机遇，逐渐成为向世界展示"中国形象"和"中国智慧"的生力军。

网络文学如何发挥长尾效应，并在文化差异性突出的"一带一路"国家实现从"走出去"到"走进去"的转变，进而在公共外交中发挥积极作用还需要深入细致研究。

〔**关键词**〕"一带一路"；公共外交；文化"走出去"；网络文学；海外传播

---

① 张鹤曦，北京第二外国语学院中国"一带一路"战略研究院助理研究员，外国语言学及应用语言学专业硕士研究生，研究方向为"一带一路"国际合作。

作为一种新兴文化交流形式，中国网络文学自 2004 年开始海外传播以来，十余年爬坡过坎，以中国为中心走向了世界大部分国家和地区。近年来，在"一带一路"国际合作倡议带动下，网络文学海外传播迎来了发展新机遇，逐渐成为向世界展示"中国形象"和"中国智慧"的生力军，成为公共外交新的展现形式。探索如何帮助我国网络文学在"一带一路"共建国家更好传播并提升"中国形象"，具有非常重要的现实意义。

一、中国网络文学海外传播的基本情况和意义

1. 网络文学海外传播的意义

（1）搭建民心相通桥梁，网络文学为公共外交打造新纽带

当今时代，文化凝聚着国家和民族灵魂；互联网联通着人类未来；互联互通是世界发展大趋势。这三股力量汇聚的效应在中国网络文学走向世界的过程中得到了充分体现。作为大众文学的主要形态和文化输出的重要形式，中国网络文学在海外传播的过程中将中华五千年的文化精髓传播到了世界各地。其间，一批又一批的外国友人开启了对中华文化与汉字的学习探索旅程。这大大增强了国人的文化自觉与自信，增添了中国文化外交的活力，提升了新时代中国国际话语权。这是对党中央有关在"一带一路"国际合作中致力于"提升国人文化自信、文化自觉、文化自强，倡导文化的交流与交融，促使各国人民相互学习语言、了解文化，共建新文化体系"号召的自觉的响应和实践。当然，"一带一路"国际合作也确实给中国网络文学提供了崭新的发展机遇。

（2）打造共同想象空间，网络文学给公共外交提供了新平台

凭借极强的草根性和与生俱来的跨文化传播基因，网络文学

平台打破了时间和空间的限制。其除了提供各语言版本的网络文学作品之外，还给世界各国有志于创作的人们提供了一个零门槛的展示平台。网络文学主观发散性强、限制相对较小，读者对于内容的真实程度和情节走向有很大的包容性。此外，由于网络文学受众广，口味不一，各文化背景主题的作品都能找到自己的受众人群。一些作者开始写作的初衷是因为逃避现实世界中无法解决的家庭、工作、人际等问题，意欲通过写作寻求内心的和平；也有的作者只是想证明自己可以做成一件事并通过大量创作展现自己的价值。尤其是在疫情肆虐期间，当产业寒冬危及众多打工群体之时，网络文学创作成了一个很受欢迎的谋生手段。其间，相关译著平台注册用户和记名作者数量倍增。

（3）构建文化产业生态，网络文学为公共外交注入新动力

除了推出文字作品外，国内各大数字译著阅读平台还积极探索打造和完善IP资源，并以开放的姿态联合文化行业上下游深耕IP源头，着力开展跨领域IP运营，全面布局文化产业新生态。影视、动漫、歌曲、游戏的动态改编以及周边制作可以突破文字局限，赋予作品新生命，提高网络小说的价值。同时，多项扶持计划和平台优惠政策的持续推出，对于鼓励原创、奖励高质量作品的问世，进而助力网络文学IP的精品化发展起到了很好的推动作用。这些全新模式是在不断的学习与试错后在网络文学主流化发展趋势中应运而生的。如今中国网络文学企业成功走出了一条真正基于本国国情、体现"中国速度"的发展道路，并有望以"中国经验"引领世界其他国家的文化创新。这不仅是文化传播的创新，更是产业经济的革命，是全球性文化产业的延展与升级。

2. 网络文学海外传播的基本情况

（1）发展速度快

2020 年 11 月，在首届上海国际网络文学周启动会上，《2020 网络文学出海发展白皮书》（下称："白皮书"）正式发布。该"白皮书"分析了中国网络文学海外市场，绘制了较为详尽的用户画像。从在国内阅读平台"呱呱坠地"，到在韩、日、越、泰等邻近国家出版授权"蹒跚学步"，再到与俄、美、加等国家共同搭建平台"大步向前"，春秋数载，我国网络文学海外传播的步伐以"同心圆式"向外不断迈进。近两年，"一带一路"沿线国家也被逐步纳入网络文学海外传播的辐射版图。截至 2019 年年底，该版图已覆盖 40 多个共建国家。

（2）市场潜力大

阅文、掌阅、中文在线、纵横、咪咕、晋江等几家主要文学网站对外授权作品已有 3000 多部，上线翻译作品近千部，国内向海外总输出网文作品数量达万余部，网站订阅和阅读 APP 用户上亿。[①] 相关海外译著平台也无一例外保持着较高的访问热度。以"武侠世界网"（wuxiaworld）[②] 为例，2020 年第 25 周的日均 IP 访问量达到了 4.68 万，点击访问的国家和地区有 96 个。[③] 2019 年中国网络文学行业市场规模达到 201.73 亿元，同比增长 26.6%，海外市场规模扩大至 4.6 亿元，网络文学用户数量

[①] 数据来源：中国日报，https://fashion.chinadaily.com.cn/a/202007/02/WS5efdadf3a310a859d09d5ac1.html。

[②] wuxiaworld 官网，https://www.wuxiaworld.com/。

[③] 数据来源：中国政府网，http://www.gov.cn/xinwen/2019-11/15/content_5452490.htm。

达到 3193.5 万，中国网络文学海外传播市场潜力巨大。[①]

（3）产业前景广阔

中国网络文学发挥着整个文娱产业的源头和核心作用。其不仅带动了影视、游戏、动漫、漫画等行业的发展，而且催生了文创新生态。如动漫《从前有座灵剑山》《全职高手》《山海奇谭》成功登陆欧美主流视频网站和韩国、泰国、越南、新加坡、马来西亚等国家与港台地区电视台，还带动了音乐、手办等周边产业的发展。网络小说改编电视剧《武动乾坤》在 2018 年上映海外，覆盖全球 18 个国家和地区，向世界传播"中国力量"。同年，《扶摇》在欧美主要视频网站以中英文同步播出，并陆续推出了小语种字幕，中国香港电讯盈科旗下平台、马来西亚最大的付费电视台、新加坡有线电视及中国台湾地区亦同步播出，越南、泰国、柬埔寨、韩国以及非洲有关国家也为译制本地语言《扶摇》节目在当地电视台播放。《庆余年》第一季 2020 年 3 月 2 日登陆中国香港电视台（TVB）后，陆续在中国澳门与台湾地区以及日本、韩国、东盟十国等地电视台陆续播出。此外，其还将在北美洲、南美洲、非洲、大洋洲、欧洲等国家陆续播出。

二、中国网络文学海外传播面临的挑战

中国网络文学海外传播状况展现出了良好走势和巨大规模。为推动网络文学海外传播的进一步发展，我们要透过表层数据进一步看到网络文学发展中亟待解决的短板。受成长周期短、涉及地域广因素的影响，我国网络文学虽走出了国门，但与各译入语

---

① 艾瑞咨询研究院：《2020 年中国网络文学出海报告》。

国家的文化融合度不高。中国网络文学如何"走出去"尚处在探索中。怎样由"走出去"发展为"走进去",让网络文学同译入语国家的文化习俗相融合,使译入语国家网民接受中国网络文学和中国文化更是一大难题。此外,如何打破当前题材死板、重复度高的僵局是在今后发展中值得关注的一大新方向。

1. 网络文学作品文学价值与版权意识有待提升

从网络文学本身内容来看,网络文学的草根性是吸引全球读者的优势之一。但这种自主化极高的创作方式往往过于迎合读者低俗化需求,致使作品内容文学价值极低甚至伴随许多负面影响。同时,由于我国网络文学的海外传播最初是适应阅读市场需求而产生的自发行为,因此译者成员体量虽然大,但是大部分只是网络文学的爱好者,缺乏一定的翻译知识和技巧。在发展过程中,这种文学爱好者考虑到更新速度等因素虽然也自发组建起了一些翻译团队,但译者仍然是非职业队伍。这种民间力量规模大却不精的状况无法保证所提供译文的质量与专业性,译作也很难保证精准传达原作的情感与意义。如此庞大的民间译者队伍所引发的另一问题是许多网络文学作品未经授权就被刊登了出来。由此导致相关网络文学的侵权案持续增加。国外相关网站平台直到近年来日益壮大且无法规避版权合法性问题时才逐渐开始主动与中国的有关平台进行合法合规合作。

2. 盈利模式还需结合市场特点做进一步探索

近年来,中国政府对网络文学海外传播愈来愈重视,并及时给予了政策和资金支持,但是扩大盈利仍是保障网络文学在海外平稳发展需要考虑的首要问题。艾瑞咨询发布的《2017 中国网络文学出海白皮书》^①统计数据显示：海外读者的付费意愿较低，不愿意付费的占比达到58.8%；在愿意尝试的付费方式上，超过6成的读者倾向于通过打赏的方式付费。在2019年的研究报告中，这两个数据分别为60%和47.4%。虽然读者对于整本小说付费以及购买网站会员的尝试度升高，但可期望空间仍然很大。

3. 亟须兼顾"一带一路"沿线国家的文化多样性

在网络文学海外传播发展过程中，以往的翻译将关注点集中在译本的文字通畅方面，而对文本翻译的精准质量还注意不够。事实上，除了语言翻译质量外，译入语国家的社会因素、意识形态、道德观念、文学观念等都决定了作品的译介效果。是否符合当地读者的需求和审美情绪往往直接决定了网络文学译本的受欢迎程度。^② 五千年中华文明的哺育使得我国网络文学作品中处处体现出汉文化内核，其中儒家思维尤其突出。鉴于"一带一路"沿线国家有着最丰富的语言多样性和最突出的文化差异性，我国网络文学对外传播涉及的文化圈层除了儒家文化，还有伊斯兰文化、印度文化、东正教文化、西方文化等。此外，这些国家和地区民族宗教错综复杂，经济发展水平参差不齐，各国人民利益诉求各不相同。因此，深入研究我国网络文学中的"中国叙事"，并通过它们来有效对接"一带一路"沿线国家的文化话语体系和认知体系，其意义尤其重大。通过文化对接达成"文化记忆"的

---

① 艾瑞咨询研究院：《2017年中国网络文学出海白皮书》。

② 刘海鸥、宋丽华：《中国网络文学"走出去"现状及其背景下的译者主导研究新模式》，《陇东学院学报》2019年第3期，第29–33页。

凝聚与"意义共建"无疑非常有助于中国网络文学的海外传播①。鉴于各译入语国家之间存在文化差异，我们在探索网络文学的海外传播方案时自然需要"量体裁衣"。但由于在"地球村"的大环境里，各国联系紧密，"你中有我，我中有你"，因此对中国网络文学在某一地区发展模式的探索也将给在其他地区传播模式的选取方面提供有益的经验及范式。这也是本文能以个别国家和文化为例进行传播方案探索和分析的原因。

三、"一带一路"倡议网络文学的传播策略

在互联网使用方面，"社交与娱乐网"（We Are Social & Hootsuite）统计发布的《2020 全球数字报告》显示：全球 77.5 亿人中手机用户 51.9 亿人，网民 45.4 亿人，有超过 38 亿人活跃在社交媒体上。与 2019 年 1 月相比，全球使用互联网人数同期增长 7%，社交媒体用户同期增长超过 9%，手机用户数量增长 2.4%。普通互联网用户每天在线花费 6 小时 43 分钟，一天中有 40% 以上的时间在互联网的陪伴中度过。从网民增长规模看，2019 年统计数据显示：阿富汗以 142% 的增长率位居世界第二。②另外，在网上花费时间最长的互联网用户主要来自发展中国家和中等收入国家，且《2020 全球数字报告》中的各种数据表明互联网的重心正在逐步向东方移动。这与"一带一路"沿线国家有极大的重合范围。持续增长的网民数量和较长的上网时间给中国网络小说在相关国家传播提供了充分条件。同时，"一带一路"倡议

---

① 刘肖、董子铭：《"一带一路"视野下我国网络文学对外传播研究》，《出版发行研究》2017 年第 5 期，第 78–81 页。

② 数据来源：搜狐网，https://www.sohu.com/a/292785250_100289003。

对世界人口数量的覆盖率超过 64%。这表明了解并尊重"一带一路"沿线国家的宗教、文化与习俗对于中国网络文学传播的重要性。综上所述，将中国网络文学海外传播过程中遇到的自身问题与各区域独特文化因素结合在一起分析，有助于探究出中国网络文学最优的"走进去"方案。

1. 求同：借助文化共通性进行网络文学的翻译和推广

"一带一路"所倡导的"互联互通"包括政策沟通、设施联通、贸易畅通、资金融通和民心相通五个方面。其中，民心相通是政策沟通、设施联通、贸易畅通、资金融通的前提与基础。就网络文学这一文化产业来说，文化间的"民心相通"给网络文学在"一带一路"沿线国家的传播方面提供了切实可行性。

"一带一路"沿线国家聚集了全球几乎所有的宗教类型，其中又有近半数国家的民众大多信奉伊斯兰教。从公元 7 世纪中期开始，伊斯兰教沿着古丝绸之路传入中国。至今，在中国 56 个民族中有多个少数民族全民信仰伊斯兰教（合计有 2000 多万穆斯林），其中以回族为多。他们主要分布在宁夏、甘肃、河南、新疆、青海等地。此外，在全国其他地方也散居着大大小小的穆斯林或回族群体。值得注意的是，在中华民族大家庭的融合过程中，回族由于其所处地缘环境以及历史变迁的影响，其民族特性较之其他民族具有鲜明的双重性：他们在穆斯林聚居区或自己家中时，保持着传统的伊斯兰教信仰；而在与汉族交往并参与政治、经济、文化活动时，不免受到以儒家为主的中国传统文化的影响。同时，他们的宗教信仰与生活方式也影响其周边的亲朋好友。以近现代形成的"回儒"群体为例。明末清初，王岱舆、刘智、马注等是以汉语为母语且以汉语著述方式讨论、翻译回教经典及仪律的中国穆斯林学者。在融会贯通"回儒"文化过程中，他们常将伊斯兰教和儒家文化联系起来阐述。如将儒家"天""帝"的概念和伊斯兰教的真主联系起来，进而实现伊斯兰教和儒家思想文化的对话、交流、调适与融合。他们的思想成果和研究思路十分值得当今网络文学的学习借鉴。

千百年来，"回儒"文化的联系越来越紧密，以致很多思想及活动都能分别在两大文化中找到相似的部分。在充分了解两个文化体系共通性的基础上，选取合适的优秀网络文学作品开展翻译和推广，将伊斯兰教的教义、人物与中国网络文学中常出现的中华文化术语、人物、主题等联系起来阐述，并适当借助两个文化群体深度融合的历史作为网络文学的创新主体及故事载体，能够加深网络文学传播力度且有助于译入语国网民理解和接受中华文化。

2. 存异：在翻译及宣介过程中充分考虑并尊重文化差异性

不同文化在相互交流和交融过程中往往会显现出诸多相似性，但文化的相似性与差异性往往相互依存。因此，我们不仅要熟悉同一大区域内普遍存在的文化习俗和社会习惯，还需要考虑区域内国家和地区各自的特性和相互间的差异。只有了解并尊重当地的文化习俗与习惯并避开社会生活中的禁忌，中国网络文学才能探寻到更具普适性的传播路径，并使译入语国网民更有效地加以接受。

我国网络文学作品中，涉及伊斯兰教的作品数量甚少，比较火热的当属《穆斯林的葬礼》和《回族人家》（其中又多以回族或世俗化的穆斯林为人物主体），而专门对宗教信仰进行研究再创作的作品少之又少。在现实中也不乏在叙述具体的习俗习惯时，某些作品往往粗略带过甚至加入主观臆想甚至虚假内容。以伊斯兰教新年为例，历法第一个月中穆哈拉姆的第一天即为新年的第一天。这一天是纪念穆罕默德率穆斯林由麦加迁徙到麦地那的重要历史事件。中国网络小说中提及伊斯兰教新年时，多以国内某些地方回族迎接新年的时间和习惯为参考。然而，地方回族受伊斯兰文化和儒家文化交融影响，其新年已经演变为自"腊八"起至元宵节这一时段；且回族迎接和庆祝新年的方式也与汉族有很大差异。其中汉族普遍存在祭灶习俗，而回族因信仰真主，未曾有祭灶一说。汉族为求好兆头而添置的红色筷子在回族的生活并不存在，后者多是选购本色或黑色筷子①。除此之外，纵观伊斯兰文化圈国家，各国迎接新年仪式也不尽一致。在印尼东爪哇的农村，穆斯林会以被称为"Gunungan"的水果、米饭和蔬菜献祭；在如坤甸这样的城市，很多穆斯林会参与长征游行且在途中祈祷并反思他们的举止与生活习性。因此，中国网络文学在海外的传播过程中，有关作者需要了解相关仪式和节日背后的故事，并以贴近当地人生活的语言加以叙述，有时需要援引注释加以说明。

伊斯兰教也有自己的禁忌。其主要分为伊斯兰教法明文规定彻底禁戒的直接禁忌和没有明文规定但因含有潜在危害而被限制的间接禁忌。内容涉及饮食、衣着、商业、精神等诸多方面。中国网络小说中，武侠和玄幻题材的作品较多。其中，大口喝酒吃肉常常用来体现人物的粗犷与豪爽，是江湖英雄常见的人物设定；另外，在架空类古代言情小说中，时常会出现求签看相的桥段，赠予护身符更是家人或恋人表达情感的普遍方式。若是在翻

---

① 李华：《伊斯兰文化和儒家文化的融合——以山东平邑县地方镇回族"过年"为例》，《云南社会科学》2014年第5期，第153–157页。

译过程中不加修改地将这部分内容直接展现，伊斯兰文化圈国家的网民或许相对难以接受。

3. 稳质：有效对接"一带一路"沿线国家需求，加大培养小语种翻译人才力度，提升翻译品质

为了提升网络文学的规范性，提高作品质量，国家新闻出版署于 2020 年 6 月 18 日发布了《关于进一步加强网络文学出版管理的通知》。[①] 对势头强劲的网络文学进行战略性的引领，使其从自发性的盲目生长，向秩序井然的良性发展稳步迈进。

"净网 2019"专项行动重拳出击，监察并处罚了一些重点网站，有关网络文学的监管力度又上一层楼。鉴于前些年网络文学 IP 过热，2020 年广电主导对影视行业进行了一系列审查整顿。这明显优化了市场环境，正能量优质创作层出不穷，网络文学更加主流化，网络生态得到了健康发展。未来，网络文学的海外传播应遵循以下发展轨迹。

（1）优化、净化传播题材，着力培养翻译人才

加强对网络文学海外传播题材的审核，并针对"一带一路"沿线国家的需求，加大培养小语种人才力度，组建更加专业的网络文学翻译团队。为此，不仅要求译者力求还原作品的内容及情感，还需要自身沉浸到作品中，体会诸如"九阴真经""葵花点穴手""玄武""剑气"等中国小说独有词汇的表达。同时落实以 AI 翻译为核心的内容开发平台，降低翻译成本，解决网络文学出海产能不均等问题。

---

① 国家新闻出版署：《关于进一步加强网络文学出版管理的通知》，http://www.nppa. gov.cn/nppa/contents/279/74415.shtml。

（2）要重视价值培育，使创作者自觉进行蕴含文化内涵的深度创作

鉴于网络文学作品传播速度快、接受度高的特性，我们应重点推出蕴含"中国智慧"与声音的网文精品，加深国外读者对中国的正确认知，精准化、定向化地传播良好的国家形象。

（3）积极推动与"一带一路"沿线国家政府、高校、企业的深度合作

共享原创文学资源，与"一带一路"沿线国家合力塑造"利益共同体"和"命运共同体"的发展理念。为此，我们要充分借助世界知识产权保护领域的既有"先授权，后使用"等规则，以法律手段将保护我国网络文学版权提升至文化战略的高度。加强政府监管，整治盗版侵权痼疾，中文在线 2012 年对苹果的诉讼是一个十分值得学习的范例。[①]

4. 保量：加强 IP 开发，打破传播媒介界限，实现跨终端转型发展

网络文学的海外传播是中国文化"走出去"的重要途径之一。随着网络文学海外传播范围的不断扩大，如何打破文化传播的壁垒是中国网络文学海外传播的难点和重点。

全媒体时代，短篇幅的轻小说和长条漫画更符合大多年轻受众移动化、碎片化的阅读倾向，因而有针对性地进行内容调整，打破传统互联网时代传播媒介和终端的界限是中国网络文学在海外传播过程中有待加强的地方。阅文集团十分注重"跨次元"的

---

① 高纯娟：《我国网络文学海外译介与输出研究》，《出版广角》2017 年第 18 期，第 56–58 页。

转型发展，针对海内外千禧一代及"00后"的喜好，设置"二次元"频道。而针对动漫、游戏及小说（ACGN）不那么发达的国家（如"一带一路"沿线国家中大部分发展中国家与不发达国家），中国网络文学的 IP 转化重点则应放在影视、游戏改编上。这也是当前网络文学海外传播最受欢迎的改编方向（如《甄嬛传》《庆余年》《择天记》等网络文学作品改编为影视剧后在海外均取得了非常好的收视率）。此外，我们还应积极与译入语国家政府、企业合作，发挥各自的内容和平台优势，联合推进文化跨国界融合，探索网络文学新产品、新形态。如阅文集团在东南亚开展的"群星计划"，注重当地本土网络文学的原创培养及发掘并培养潜力作者，同时通过在线阅读、IP 衍生等方式，提升作者及作品的文化和商业价值。阅文还计划开展征文活动，进一步发掘新兴力量并开办作家培训学院（如免费在平台上线相关课程并定期组织线下沙龙活动）；作家签约后也会享受到一系列成长及福利体系，同时获得流量扶持和专题扶持；若是成长为明星作家，阅文还会为其全方位打造个人品牌并进行个人作品的 IP 衍生开发。

5. 拓域：倡导"一带一路"题材创作，拓宽题材本土化领域宽度

"一带一路"国际合作倡议虽是近年提出，但中国与"一带一路"沿线国家的交流交往则可上溯数千年。自汉朝开始，中国主导的东亚文化圈影响日益壮大，东与朝鲜半岛和日本岛，南与越南联系紧密，西凭丝绸之路将铸铁、缫丝、造纸等技术先后传入中亚、西亚、南亚各国，远及欧洲和非洲。唐朝时自天竺习得的熬糖法、由东罗马引入的杂技和乐舞极大丰富了中国人民的生活。佛教也经由丝绸之路传入中国，前有天竺血统的鸠摩罗什自

西向东弘扬佛法，献其一生圆寂于长安，后有玄奘从东往西，经凉州出玉门关西行五万里赴天竺，亲历百余国，用双脚丈量出文化纽带的长度。汉武帝以后，海上丝绸之路的开辟将中国和东南亚、南亚各国紧紧连在一起。明朝初期郑和扬帆至红海沿岸和非洲东海岸。

中西方几千年交流往来的历史为当今网络文学内容和主题的创新塑造起庞大的资料库。此前在东南亚取得极大反响的《丝路情缘》便是围绕丝绸之路沿线国家的风土人情主题展开的创作；几年前在起点中文网连载的长篇科幻小说《征战五千年》中也有以张骞出使西域为背景的文学化片段。在新的时代背景下，网络文学创作新秀们更应抓住机遇，借力"一带一路"国际合作倡议日渐落实的大好势头以及相关领域前辈的创作经验，布局"一带一路"共建区域文化市场，塑造完美的国家形象，提升中国文化产业的国际竞争力与影响力。

6. 育才：培养本土化人才，掌握经营主动权

在海外诸国设立分支机构是推动网络文学海外传播更为便捷的一种方式，也是企业掌握传播主导权的有效路径。中国网络文学最近几年的发展，见证了越来越多相关文化企业在海外开疆拓土的创举。早在2017年阅文集团就上线了起点国际，并先后推出多个语言版本。但新路径也会带来新问题。与专业翻译人才紧缺类似，许多文化企业设立海外机构后，网络文学跨文化运营管理等本土化人才匮乏问题日渐凸显。扬帆远航的网络文学已成为中华文化主流体系和国际传播战略中必不可少的一环。因此，从文本编码、内容生产、运营模式、推进机制上构建网络文学海外传播新蓝图显得尤为必要。

　　具体措施包括：A. 相关企业应创建立足于"一带一路"沿线国家的多功能开放式译介平台，并开发无障碍智能网络文学检索引擎，添加无须跳转切换的评论并转发更新的功能。B. 完善版权保护和创作激励机制，在社区主要板块滚动播放人气较高的话题和作品，制造营销热点。C. 不断更新用户自创产品，满足不同层级市场需求，丰富网络文学创作生态，调动"一带一路"沿线国家网民参与讨论和创作的积极性。D. 大力挖掘和培养网络文学海外传播相关本土化从业人才（如在海外市场巨浪里驰骋的运营人、对当地相关文化政策和法律环境熟烂于心的法务人员等），构建并培训熟悉"一带一路"沿线国家政治气候与文化政策、行业发展的海外传播运行管理团队，建设完整的网络文学生态发展圈。

7. 融资：设立用于"一带一路"国际合作文化交流发展专项资金，提供资本与政策保障

　　2020 年 7 月，中国文化和旅游部开展了 2020 年"一带一路"国际合作重点项目征集与扶持工作，提出将通过融资、搭建平台等方式，推动中国与"一带一路"沿线共建国家的文化及旅游产业合作。在此背景下，中国网络文学的从业者可以借此机会争取与作品内容相关的旅游投资项目融合，并打造出具有独特人文价值且扎根当地的文化品牌。

　　在这过程中，政府和企业可以组织相关活动（如举办线上线下主题学习研讨会、提供经费鼓励创作者进行相关考察与研究、号召各有关共建国家留学生和当地网络小说爱好者等民间力量一同参与网络文学的推广与创作等），加深网络文学创作者对"一带一路"沿线国家风土人情的了解和感悟，激发灵感，创作优秀作品。考虑到"一带一路"沿线国家经济发展水平不一和巨大的

文化差异，建议中国政府推动在亚洲基础设施投资银行等机构中设立专项资金，将"一带一路"共建国家和地区中有大基数人口使用的语言纳入对外翻译资助的语种范围（如在巴基斯坦和印度、孟加拉国广泛使用的乌尔都语），并主动与共建国家和地区展开文化合作，在尊重亚洲周边国家民族自尊心的前提下，积极推动中国网络文学与"一带一路"共建国家和地区文化深度融合。

四、结束语

网络文学海外传播的高速发展极大提高了我们的文化自信和文化软实力，并在一定程度上对国家文化政策的调整和文化产业布局带来了一定积极影响。为了更好地适应时代需求，特别是在"一带一路"沿线国家经济和文化差异巨大的背景下，网络文学海外传播实施路径仍需要我们持续不懈地深入思考与探索。

孙安宁 ①

"一带一路"背景下复合型非通用语人才培养及对策研究

内容介绍

〔摘 要〕语言在对外投资活动中发挥着重要作用。对目的国语言文化缺乏了解是导致投资项目受阻甚至失败的重要原因。"一带一路"倡议提出以来，随着中国对"一带一路"共建国家投资项目数量的持续攀升，复合型非通用语人才的需求日渐扩大。但是，由于目前复合型非通用语人才的供给远不足以满足当今市场的需要，"一带一路"共建国家中相关投资项目的顺利实施，在一定程度上受到了人才因素的影响。本文在分析我国高校对非通用语人才培养方案的基础上，论述了当前培养复合型非通用语人才面临的困境与问题，并从多方面提出了改善建议。

〔关键词〕"一带一路"；非通用语；人才培养；投资安全

---

① 孙安宁，北京第二外国语学院中国"一带一路"战略研究院硕士研究生，主要研究方向为国际关系和外国语言学。

自 2013年习近平主席提出"一带一路"国际合作倡议以来，我国与其他国家间政治、经济、文化方面的交往更加频繁，涉外事务中对复合型非通用语人才和复语人才的需求也与日俱增。根据《2017"一带一路"大数据报告》，目前只有2.6%的企业提供"中译外"和"外译中"服务。

一、研究综述

1. 概念界定

（1）复合型外语人才

多数学者认为复合型外语人才指的就是同时掌握外语技能和专业知识的人才。但也有部分学者持不同观点。杜瑞清（1997）看来，复合型外语人才可以被划分为外语＋文学、外语＋文化、外语＋外语以及外语＋专业四种类型；[①] 高等院校外语专业教学指导委员会（1999）指出，以往语言专业与文学和语言学相结合的形式也可以被看作是复合型培养模式；[②] 李伯和（2013）将复合型外语人才定义为在具备外语能力、文学、语言学和文化知识基础上，熟悉某一专业知识的人才；[③] 许纯洁（2019）认为，复合型外语人才是在掌握国家通用语前提下具备

---

① 杜瑞清:《复合型外语人才的培养及实践》,《外语教学》1997年第2期, 第34–37页。

② 何其莘、殷桐生、黄源深等:《关于外语专业本科教育改革的若干意见》,《外语教学与研究：外国语文》（双月刊）1999年第1期, 第25–29页。

③ 李伯和:《复合型外语人才培养研究中几个基本问题的思考》,《中南林业科技大学学报》（社会科学版）2013年第6期, 第198–201页。

使用两种或两种以上语言的人才。①

本文在总结前人观点基础上，将复合型外语人才定义为精通某一地区语言及文化背景且谙熟特定专业知识的人才。

（2）非通用语

与复合型外语人才相比，国内学者对于非通用语的定义较为一致。2000 年教育部发布的《关于申报外语非通用语种本科人才培养基地的通知》对于非通用语的界定是：除英语、日语、法语、西班牙语、德语、俄语及阿拉伯语 7 种语言以外的小语种。

2. 国内外文献理论综述

（1）国内文献理论综述

针对"一带一路"建设过程当中的语言需求问题，我国学者做了许多有益的研究与探索：孙建光等（2019）认为非通用语人才的缺乏极大地阻碍了"一带一路"国际合作倡议的落地；② 赵世举（2015）认为，在"一带一路"国际合作背景下，我国有巨大的语言需求（如文化融合以及应用服务等），特别是需要培养熟悉他国风土人情和文化传统的专业语言人才以及具有"外语＋专业"的复合型外语人才；③ 徐丕青等（2020）指出，"一带一路"建设过程中急需小语种人才和"专业＋外语＋综合素质"的两类

① 许纯洁：《"一带一路"背景下非通用语人才培养的实践困境及其突破》，《西北成人教育学院学报》2019 年第 4 期，第 40–44 页。

② 孙建光、王宇星：《"一带一路"背景下非通用语言战略构建研究》，《遵义师范学院学报》2019 年第 1 期，第 67–70 页。

③ 赵世举：《"一带一路"建设的语言需求及服务对策》，《云南师范大学学报》（哲学社会科学版）2015 年第 4 期，第 36–42 页。

外语人才;① 李杨等（2015）剖析了"一带一路"国际合作下黑龙江省的外语人才需求，并提出黑龙江省尤其需要的外语人才为综合素质高的复合型人才、具有创新能力的研究型人才和高水平的管理型人才。②

　　针对"一带一路"国际合作背景下外语人才的培养问题，我国学者同样做了大量研究。在杨云升（2015）认为，"一带一路"建设过程中外语人才在专业知识、文化储备和中文水平等方面仍有较大欠缺，并提议要加强外语人才的实训强度，引进外籍教师以提高外语教学质量，但其有关取消第二外语教学和针对性培养潜力性人才的想法仍有待商榷;③ 文秋芳（2016）指出，我国当前外语人才培养模式的科学性还有待提高，倡议在中小学开展非通用语课程，强化高校非通用语公共课并提议吸纳外籍语言人才;孙琪、刘宝存（2018）在总结了我国高校非通用语人才培养的现状后，认为目前高校在课程设置和师资队伍建设上存在问题且大部分高校缺乏培养博士学位的非通用语高端人才的能力，并提议借鉴美国培养非通用语人才的方法;④ 徐海宁等（2018）总结了"一带一路"国际合作倡议下语言人才的问题，认为小语种人才严重不足，复合型外语人才少，建议合理规划和制定我国语言战略，提议采用"语言＋专业"或"专业＋语言"的培养方式

---

① 徐丕青、王艳玲、段静:《关于"一带一路"建设的语言需求及对外语人才的新要求》,《才智》2020 年第 12 期，第 231 页。

② 李杨、刘翠凤、吕维忠:《"一带一路"背景下复合型外语人才的需求分析》,《高教学刊》2015 年第 11 期，第 22–23 页。

③ 杨云升:《"一带一路"建设与外语人才培养》,《海南师范大学学报》（社会科学版）2015 年第 9 期，第 130–134 页。

④ 孙琪、刘宝存:《"一带一路"倡议下非通用语人才培养现状与发展路径研究》《中国高教研究》2018 年第 8 期，第 41–46 页。

并应善用国内国外的留学生资源；[①] 徐艳艳、刘春富（2020）指出，如今高校非通用语发展存在实践课程少、教学资源不佳、地区发展差异明显以及国际化视野不足等问题，认为加强中外合作办学有利于促进非通用语专业学生的发展。[②]

从以上研究中可以看出，我国对于复合型非通用语人才的需求较大，但目前大多单独讨论非通用语人才或复合型外语人才的培养问题，综合研究复合型非通用语人才培养方式的文章较少。

（2）国外文献理论综述

与国内文献相比，虽然聚焦于"一带一路"国际合作下外语人才问题的外国文献数量较少，但我们仍然可以从美国的语言政策规划上找到可以借鉴的经验。早在 1991 年，美国基于《国家安全教育法案》（National Security Education Act，简称：NSEA）实施的国家安全教育计划（National Security Education Program，简称：NSEP）旨在为 21 世纪美国国家安全需要输送大量复合型外语人才。从 2019 年美国发布的《国家安全教育计划年报》可以看出，美国对所需的复合型人才培养几乎涉及世界上所有关键地域的语言（其中包括汉语、韩语、僧伽罗语、希伯来语、罗马尼亚语在内的超 60 种语言），接收来自农业、外语、区域研究、经贸等 10 余个专业的学生，并为这些学生提供科学的语言学习方案和奖学金支持。该项目中的旗舰计划甚至从中小学时期就开始寻找对外语专业有兴趣的学生，并以提供奖学金的形式吸引学

---

① 徐海宁、邓朝晖、席鸿：《"一带一路"战略下语言人才培养问题与对策》，《未来与发展》2018 年第 8 期，第 83–86 页。

② 徐艳艳、刘春富：《"一带一路"背景下"英语＋非通用语种"国际化应用型人才培养研究》，《黑龙江教育》（高教研究与评估）2020 年第 2 期，第 90–92 页。

生。[①] 为解决非通用语人才培养过程中的师资问题，美国政府早在 2004 年就实施了 T2T 计划（Teacher-to-Teacher Initiative），旨在为非通用语教师提供技术支持和职业发展机会，并在 2006 年计划中加入了有关通过夏季研讨会等方式为非通用语教师专业能力的进一步提升创造机会。[②]

二、当前复合型外语人才培养存在的问题

1. 教育观念落后

教育观念影响甚至决定着学校教学活动的制定与展开，是教学活动中极为重要的一环。就语言教学而言，我国的教育观念长期聚焦于语言表层的教学，对语言的文化和战略价值重视不够，导致外语教育长期受功利思维所左右，[③] 固守"语言＋专业"的培养方式，而忽略了"专业＋语言"的培养模式。在此背景下，中国的外语教学过分强调对外语技能性的训练，反而忽视了外语背后的文化背景和人文传统。为此，很早以前就有部分学者表达其不同关切：刘伟（1995）预言，外语教育中人文教育的缺失将会成为外语院校发展的阻碍；[④] 刘天伦（1996）也表达过自己对

①　Defense Language and National Security Education Office, "NSEP 2019 Annual Report," https://nsep.gov/sites/default/files/NSEP%202019%20Annual%20Report.pdf.

②　U.S. Department of Education & Office of Postsecondary Education, "Enhancing Foreign Language Proficiency In the United States," https://www.lep.gov/sites/lep/files/resources/nsli-preliminary-results.pdf.

③　仲伟合、张清达:《"一带一路"视域下的中国特色大国外语教育战略的思考》,《中国外语》2017 年第 5 期, 第 4–9 页。

④　刘伟:《关于外语院校培养目标转型的几点思考》,《外语教学》1995 年第 4 期, 第 18–23 页。

英语专业中人文倾向可能逐渐趋于消失的担忧;[①] 胡文仲和孙有中（2006）认为，当高校将重心向培养复合型外语人才转移时，外语专业中原本就脆弱的人文环境可能会遭到进一步打击并强调外语教学应回归人文教育。[②]

2. 专业设置亟待改良

（1）教学目标过分死板

由于过分注重对学生语言技能性的训练，诸如专业四级、专业八级等语言等级证书便成了考量学生语言能力以及教师教学水平最主要的依据。学生评奖学金、毕业和就业等种种大事皆要依靠语言等级证书，而在教师的考核评定中，语言证书也起着重要作用。因此，多数高校外语专业的课程设置多围绕语言等级证书展开。然而，由于证书考试的内容与实际工作多有出入，学生们进入工作岗位以后常常很难快速融入工作环境。

（2）课程设置不合理

一言以蔽之，非通用语专业的课程设置难以满足"一带一路"国际合作需要。

首先，在"一带一路"国际合作背景下，我国需要的复合型外语人才应对其所掌握专业语言的文化背景了如指掌，以避免双方沟通过程中因文化障碍而导致的摩擦。而我国大部分高校外语专业的课程设置却多围绕外语专业的工具性属性。这种对外语专业人文属性的忽视往往导致学生难以掌握语言背后的文化底蕴。

---

① 刘天伦:《培养目标与可利用资源——有关培养复合型英语人才的思考》,《外语界》1996 年第 1 期, 第 1–5 页。

② 胡文仲、孙有中:《突出学科特点，加强人文教育——试论当前英语专业教学改革》,《外语教学与研究》2006 年第 5 期, 第 243–247 页、第 319 页。

其次，课程设置被简单地切割成听说读写译几部分后使整个外语专业的教学难以自成体系，进而使学生的学习带来了不必要的压力。以河北某高校朝鲜语专业课程设置为例，听说读写译等技能性课程在该专业必修课中占到了 1085 学时，而涉及国家背景与文化类的课程却仅占 102 学时，且专业选修课多与商务课程相关，与文化和国家背景有关的课程寥寥无几。

此外，高校对于能够拓展学生外语能力以及跨文化素养的第二外语课程的安排也不尽如人意。多数高校中，英语专业学生能够选择的第二外语仅有日语和法语两种；而对于小语种和非外语专业学生的选择就更为有限，仅有英语一门语言。

（3）汉语文化教育不足

我国高校外语教育所暴露出的另一个重大问题便是涉及本民族汉语文化的课程过少。这一弊端目前主要表现在外语专业学生翻译的质量水平上。影响翻译质量的主要因素是译者对源语言与目标语言的理解水平和熟练程度。一旦对二者的理解水平和熟练程度不到位，不仅翻译的准确性会受到影响，而且译文的流畅性也会大打折扣，最终使阅读质量受到严重影响。此外，传统文化教育不足同样不利于培养学生的爱国情怀和民族自豪感，对本民族文化的不了解也与"一带一路"国际合作倡议的要求相悖。以山东某高校阿拉伯语专业的培养方案为例，有关中文及传统文化的课程仅在学院通识课大类中有所涉及，且只有大学语文、中国传统义化及东西方文化导论 3 门课程（每门仅分得 36 学时）。这与阿拉伯语精读（1）的 150 学时相比，显得过于弱势。①

---

① 山东师范大学外国语学院：《阿拉伯语专业本科生培养方案》，http://www.sfl.sdnu.edu.cn/info/1161/1130.htm。

3. 跨学科教育实践不良

（1）外语专业学生所学知识面较窄

外语专业与其他专业相比，天生具有复合属性。[①] 因此，外语本是技能，理应可以与任何专业相结合。但我国高校在实践过程当中将外语长期与文学和语言学相捆绑，阻碍了外语和其他专业相结合的机会。虽然我国在实践过程中也创立了诸如商务英语专业的"复合型"专业，但教学思路依旧未能摆脱"语言＋专业"的思维模式。现今非通用语专业学生跨专业能力的培养则大多仰赖开放选修课和双学位的培养。但开放选修课对学生的培养要求大多较低，且在专业内容方面往往是浅尝辄止，难以培养出精通专业和非通用语的高端复合型人才。此外，由于非通用语专业课程的特殊性，要求选修该专业的学生在课下都要做大量练习。这无疑增加了学生的学习压力。

（2）高校学院与学院之间的区隔制约着跨学科教育的发展

目前大部分高校采用的都是院系分级制度，并在各系下细分不同专业。或许这种模式在我国曾经的学术发展道路上起过积极的作用，但在"一带一路"国际合作背景下该种模式显然不再适合。在此制度下，我国高校内部学院与学院之间的联系较少，很少能看到不同学院之间进行跨学院的学术交流活动，甚至同一学院不同研究方向的教师之间也很少联系，有时竟然出现了在同一学院内工作多年的教师之间互不相识的尴尬局面。为此，学院间跨学科研究合作的难度巨大，各学院只能在单一领域进行研究，

---

① 刘毅：《关于高校外语专业课程设置的思考》，《外语界》2000年第3期，第12–17页。

研究成果也只能反映单一领域各个专业之间的联系。

（3）学科壁垒阻挡了外语专业，尤其是非通用语专业跨学科教育的发展

各学科间由于彼此在研究对象、研究方法上的不同，在历史发展过程中发展出了不同的规范标准。这虽然在特定历史条件下为每个学科的发展起到了一定的积极促进作用，但也妨碍了各学科间的互动与交流。特别是非通用语专业因其入门难、小众化的特殊属性，一般很难开展各专业之间的横向联系。

4. 教师队伍良莠不齐

（1）复合型非通用语教师过少且质量不高

培养复合型外语人才的过程中，我们首先需要解决的就是复合型外语教师的数量及质量问题。高校中的外语教师虽然都有着十分深厚的外语功底，但是在外语专业以外的领域却罕有建树；而非外语专业的教师外语水平又很难保证。这是现在制约高校培养复合型外语人才的一大难题。蒋洪新（2010）指出，纵观数十余年复合型英语人才的培养，成功的院校寥寥无几，仅仅只有几所复合专业水平较高的院校而已，而导致这一现象的重要原因之一便是复合型双语教师人才的稀缺。[①]与作为世界语言的英语相比，非通用语在招聘复合型非通用语教师这一环节上录用人数之少实属罕见。比如克罗地亚语、乌尔都语、越南语等专业由于其在我国专业语言中知名度小、使用人数少，我们很难像培养复合型英语专业人才一样去培养或选拔这些小语种的复合型教师。

---

① 蒋洪新:《人文教育与高校英语专业建设》,《中国外语》2010 年第 3 期, 第 10—13 页、第 18 页。

（2）授课方式面临创新

教师的授课方式问题一直是困扰大学教育的一大难题。不少学外语的学生抱怨授课形式单一，以朗读课件为主，课堂沉闷呆板，授课质量不高。出现这种情况的原因在于有关大学教师评级升迁的评估体系有失公见。长期以来，我国大学教师的评估体系始终聚焦在教师的研究水平而较少关注其授课质量。虽然近些年来为弥补该评估体系的不足也出现了由学生打分的授课评分制度，但目前高校内重研究轻教学的现象依旧十分普遍，因此授课方式长期停留在传统的一言堂式教学上。具体就外语专业而言，由于国内有关英文教学的期刊较少，竞争压力十分巨大，且教学类论文在评审时易受歧视，因此不少教师另辟蹊径，将研究重点放在某些晦涩难懂的理论上。这大大占用了教师准备授课的时间与精力。

5. 实践平台数量不足

当前，我国同"一带一路"沿线国家间的双边或多边合作、贸易往来以及民间交流迅速增加。在此背景下，我国需要大量具有实践经验的应用型语言人才。然而，迄今除北京大学、北京外国语大学、上海外国语大学、广西民族大学、中国传媒大学、广东外语外贸大学、解放军外国语学院和解放军国际关系学院八所拥有非通用语人才培养基地的院校以外，我国其他院校非通用语专业学生所拥有的实践平台和机会依旧十分有限。多数学生难以有出国实习工作的机会。这对于培养复合型的非通用语人才十分不利。没有实践经验的加持，学生们很难掌握在实际生活中灵活运用语言的技能，也很难将外语与其他专业结合起来。事实上，从课本中学到的文化传统知识尤其需要学生在实际生活中感知和运用。然而，非外语重点院校的非通用语专业的学生因专业本身就业面窄，很难找到与专业对口的实习机会，最后大都在行政岗位培训实习。

虽然我国其他院校并未放弃培养更高层次的非通用语使用者的机会，但是受教育经费因素限制，即使某些高校成功地与一些企业建立了非通用语专业学生的实践教学及实习基地，但都难以达到像上述八所院校那样的教学实践目标。

三、对策及建议

1. 更新教育观念

教育观念直接影响高校教育政策的制定，因此要培养出符合"一带一路"国际合作要求的复合型非通用语人才，我们必须转变旧有的教育观念。

（1）要重视开设非通用语专业

长期以来，非通用语因属小众语言，其在高校中时常受到冷落；同时，由于这些专业的教师少且科研能力相对较弱，其在各大综合类院校之中难以获得较多资源，因而发展受到很多限制。

（2）要从"语言＋专业"的传统思维向"专业＋语言"的模式靠拢

在"一带一路"国际合作倡议的落实过程当中，我国最需要的是培养非通用语能力过硬的专业技术人才，但目前外语专业的培养模式显然无法满足我国当前的人才需求。因此，高校尤其有必要采用"专业＋外语"的培养模式。

（3）高校要改变传统外语教学中的功利倾向

在"一带一路"国际合作的大势之下，我国外语教育既有的功利性倾向必须得到纠正。只有这样，我国的外语教育才能从传统的技能培训式教育中解放出来并恢复原有的人文性。

2. 改善专业设置

专业设置的好坏直接影响学生培养的成败。针对上述问题，高校应在教学目标、课程设置及汉语文化教育三方面做出努力。

（1）教学目标

高校在教学目标设置方面所存在的问题归根结底还是"语言＋专业"式的培养思路。因此，各有关高校只需在非通用语教学中遵循"专业＋语言"的培养思路，具体教学目标可结合其自身特点重新设定。

（2）课程设置

课程设置改革的关键在于要使非通用语专业或者说整个外语专业的学习应从"工具性"回归到"人文性"。除增加文化类课程外，高校还可以在课堂上通过角色扮演的形式模拟现实情境下学生们将来在异域工作生活中可能遇到的文化冲突情景，以加深其对两国文化差异的理解；同时，高校也应利用自身的留学生资源，开展有关文化交流活动，增进双方对彼此国家文化的了解。

（3）汉语文化教育

就汉语文化教育而言，高校不能简单地通过加设课程的方式来敷衍了事，而应该意识到整个外语专业范围内汉语氛围缺失的现象，并采用多样化手段来干预。除了传统的授课讲座形式，高校还可以通过写作练习密切非通用语专业和中文系专业学生之间的交流，同时通过开展中国古代四大名著（《三国演义》《西游记》《水浒传》和《红楼梦》）和传统诗词讨论会等形式，增强学生对中文的理解，提升其对熟知和传播我国传统文化的自豪感。

高校要清楚地意识到国家开设外语专业的初衷是要为国家培养涉外事务的服务人才，在当今"一带一路"国际合作大势背景下更是如此。因此，对于非通用语专业学生的要求不能只是满足于让他们熟练和掌握目标语言，更多的是要把他们培养成兼晓汉语和目标语言的复合型人才。

3. 提升高校跨学科教育能力

就提升高校跨学科教育能力而言，首先要做的便是提高公共语言课程的教学质量和考试难度，确保学生学有所得。一方面，对于非通用语专业的学生而言，公共语言课程教学的改进有利于其拓宽知识面，了解专业语言课以外的专业内容；另一方面，对于其他非语言专业的学生而言，公共语言课程教学的改进有利于激发学生的语言学习兴趣，并打下良好的语言基础。但值得注意的是，设立包括公共语言课程在内的公共选修课程原本是希望拓宽学生的知识面，然而就某些知识内容来说，只开设一二门公共选修课程，难以使学生形成完整的学科体系。为此，在改革公共选修课程的过程中，校方需要思考是否有必要有计划、成体系地开设公共选修课程。在此基础上，外国语学院应加强与其他学院的合作与交流。这不仅有利于外语教师拓宽知识面和更好地培养复合型语言人才，而且有助于打破固有封闭的学院式制度。随着"一带一路"国际合作倡议的不断落实，外国语学院可通过为其他学院提供语言翻译的机会加强与各个学院的联系，增进自身的发展。针对非通用语专业学科壁垒过高的问题，校方可以通过聘请符合要求的其他专业的留学生或加强外国语学院和其他学院的合作这一方式来解决。虽然学习非通用语并非易事，但仍可以从其他学院英语能力出色的教师中遴选出有意愿、有能力的教师来培养，使其达到一定的语言使用水平。即使在教学过程中难以全外文授课，通过培训的教师仍可以半中文半外文的形式开班讲课，借以弥补当前复合型非通用语教师的空缺。

4. 提高教师队伍水平

（1）加强国内外学术交流

学术活动最忌闭门造车，与国外高校之间加强合作交流不仅有助于了解国际上最近的教育理论和学术成果，而且有利于培养学生的国际化视野，为我国的"一带一路"国际合作事业培养更优质的人才。在笔者看来，加强国内国外高校间的学术交流可以有以下几种途径：A. 邀请国外知名教育学者以及非通用语国家的学者来校进行演讲或举办专题讲座或参加学术沙龙，互相分享学术研究成果。B. 高校可通过外派访问学者的方式增进与国外高校之间的学术交流。C. 鼓励教师到国外深造或研习跨学科内容。

（2）聘请国内外优秀企业家来校讲课

校内的非通用语教师囿于职业和环境所限，对于非通用语专业的认知多是学术性、理论性的。与之相比，在"一带一路"沿线国家有着丰富工作经验的企业家对于非通用语国家的国情地貌、风土人情会有更深的体悟。他们的演讲或讲课更有利于拓宽教师和学生的视野与认知。此外，由于具有丰富的实战经验，企业家的到来可以帮助高校了解当前工作对复合型外语人才的实际需要，有利于高校更好地顺应时代潮流，设计培养方案，安排课程教学。

（3）改革高校教学评估体系

针对当前高等教育所遇到的问题，我国有必要对高校现行教学评估体系做出相应的调整。诚然，高校教师的学术造诣十分重要，但这并不意味着教师的教学水平就应让位于研究水平。高等学校既然被以学校名称所命名，就应最大限度承担起教书育人的基本职能并以培育人才为首要任务。因此，各高校要让教师的教学能力在考核评价体系中占到较高的比例，以免埋没教学能力强而学术造诣相对较弱的教师。

上述建议符合我国高校目前的改革方向。2020 年 7 月 25 日，我国人社部发表的《关于深化高等学校教师职称制度改革的指导意见（征求意见稿）》提出高校要突出增强教师的教学能力，不能只重视论文、学历、头衔等。该意见稿提议，我国高校教师可以按教学科研型和教学为主型两类人群制定职称评价标准。这为我国改革高校教师评价体系指明了新的发展方向。[①]

5. 拓展学校与政府企业间的合作

在我们对非通用语专业学生实践能力的要求越来越高的今天，高校有必要密切与本地政府和各大企业间的交流往来，为自身人才的培养提供更好的环境和更多的机会。

就做政府工作而言，高校首先可以通过力陈"一带一路"国际合作背景下培养复合型非通用语人才的必要性与紧迫性，以求获得更多经费，为培养非通用语人才增添助力；其次，在涉及外事沟通领域的事务上，高校可以尝试派遣本校学生从旁协助，为学生提供另一个实习渠道；最后，高校更可以政府为桥梁，与外国大型企业相联系，积极为学生寻找搭建更高平台的机会。

就做企业工作而言，高校要尽可能地利用自身所积累的广阔

---

① 人力资源社会保障部办公厅、教育部办公厅：《"破五唯"，人社部教育部发布高校职称改革指导意见》（征求意见稿），https://www.eol.cn/news/yaowen/202007/t20200725_1740251.shtml。

人脉资源，与本地企业积极探索与非通用语专业学生培养相结合的机会。在与本地企业合作无果的情况下，高校不妨将目光放到需要大量复合型非通用语人才的外地企业，或以政府为纽带或直接与企业沟通，尝试与企业成立定向合作基地，拓展本校非通用语专业学生培养实践能力的平台。

殷　梅①

后疫情时代中拉共建"健康丝绸之路"的机遇、挑战与推进路径

内容介绍

〔摘　要〕拉丁美洲和加勒比国家作为"海上丝绸之路的自然延伸"地域，中国深化与其在全球公共卫生治理方面的合作，对于后疫情时代共同建设"健康丝绸之路"具有重要意义。

中拉在医疗卫生领域的既有合作以及面对新冠疫情的守望相助为双方共建"健康丝绸之路"奠定了良好的社会基础。双方可通过细化政策对接、共同参与全球卫生治理以及中医药根植拉美等方式，携手共同构建人类卫生健康共同体。

〔关键词〕后疫情时代；中拉；健康丝绸之路

①　殷梅，北京第二外国语学院硕士研究生，研究方向为西班牙语翻译学、区域与国别研究和西班牙语语言文学。

当今世界正经历百年未有之大变局，新冠病毒"德尔塔"和"奥密克戎"变异毒株的传播速度正在加剧。面对早日战胜疫情、恢复经济增长的国际首要任务，2020年习近平主席在北京出席第73届世界卫生大会视频会议开幕式上倡议各国"共同构建人类卫生健康共同体"。[①] 早在2016年，习近平主席就提出要"着力深化医疗卫生合作，加强在传染病疫情通报、疾病防控、医疗救援、传统医药领域共同打造健康丝绸之路"。[②] "健康丝绸之路"是"一带一路"倡议的重要组成部分，为打造人类卫生健康共同体提供了重要实践。坚持共商共建共享原则、建设"健康丝绸之路"是实现人类卫生健康共同体的重要路径。[③] 拉丁美洲和加勒比国家（以下简称：拉美）作为"海上丝绸之路的自然延伸"和"一带一路"国际合作不可或缺的参与方，在全球公共卫生治理方面深化与中国的合作，对于在后疫情时代共同建设"健康丝绸之路"具有重要意义。

一、中拉共建"健康丝绸之路"的机遇

1. 中拉共建"健康丝绸之路"具有一定的历史基础

中拉在医疗卫生领域的合作可追溯到20世纪60年代。1960年9月，中国与古巴顺利建交，古巴因此成为第一个与中国建交的拉美国家。1963年10月，古巴遭受飓风灾害，中国为古巴提

---

① 《习近平在第73届世界卫生大会视频会议开幕式上的致辞》，新华网，http://www.xinhuanet.com/politics/ 2020-05/18/c_1126001593.htm。

② 《携手共创丝绸之路新辉煌——习近平在乌兹别克斯坦最高会议立法院的演讲》，新华网，http://www.xinhuanet.com//world/2016-06/22/c_1119094645.htm。

③ 王明国：《人类卫生健康共同体的科学内涵、时代价值与构建路径》，《当代世界》2020年第7期，第34-40页。

供了价值 7000 万元人民币的救灾物资,其中就包括许多医疗物资。[①] 此后,随着中国同拉美更多国家外交关系的建立以及中拉政治、经贸关系的不断深化,中国对拉美在医疗卫生领域的援助也陆续增多。

中国对拉美的医疗卫生援助包括派遣医疗队、无偿提供药品和医疗设备、援建医院和开展医疗培训 4 个方面。派遣医疗队是中国对拉美最为重要的医疗援助形式。自 2000 年以来,中国向古巴、圭亚那、厄瓜多尔、多米尼克等众多拉美国家派遣了多批医疗队。中国向拉美提供医疗卫生物资的重点是为了拉美国家应对飓风、地震等灾难而开展的人道主义紧急援助。此外,针对厄瓜多尔登革热、墨西哥甲型 H1N1 流感,中国也提供过物资或现汇紧急援助。中国在拉美援建的医院虽然为数不多(只在安提瓜和巴布达、圣卢西亚、秘鲁、厄瓜多尔援建了 4 所医院),但对改善当地公共医疗卫生设施起了较大的积极作用。[②] 中拉在传统医学领域具备良好的合作基础。目前,中国已与多个拉共体国家签署了中医药合作协议。中国与拉美开展的医疗培训也主要以传统医药、医学交流为主。

自 2008 年中国发布首份对拉美政策文件后,中拉医疗卫生合作逐步步入了机制化正轨并日益受到重视。2015 年 1 月,中国—拉共体论坛(中拉论坛)首届部长级会议在北京举行。其间,双方共同制定的《中国与拉美和加勒比国家合作规划(2015—2019)》明确提出要"在疾病控制、地区或全球流行性疾病、突

---

① 张郁慧:《中国对外援助研究》,2006 年博士论文,第 123 页。

② 孙洪波:《中国对拉美援助:目标选择与政策转型》,《外交评论》(外交学院学报)2010 年第 5 期,第 64–75 页。

发公共卫生事件应急处理等方面扩大交流与合作"。[①] 随着"一带一路"倡议的逐步落实,中国与拉共体制订的《中国与拉共体成员国优先领域合作共同行动计划(2019—2021)》提出双方要"加强卫生领域对话与交流,特别是在临床医疗、疾病防控、卫生应急、精神活性物质合理使用、药品研发和获取等方面扩大对话与交流"[②]。2021 年 5 月,中拉传统医学交流论坛一致通过并发布了《中国与拉美和加勒比国家共同体关于加强传统医学合作的特别宣言》。宣言中指出,中拉将继续"加强国际合作,发展传统医学;团结合作,共同构建人类卫生健康共同体和中拉命运共同体"[③]。

由此可见,中拉医疗卫生合作日益受到重视。鉴于突如其来的新冠肺炎疫情暴露了拉美医疗卫生体系中的诸多短板,中拉未来在医疗卫生服务、医疗基础设施与设备建设和医药研发等方面具有较大的合作空间。进入后疫情时代,考虑到医疗卫生领域的合作具有改善民生性质且有助于拉近中拉民族的距离,中拉共建"健康丝绸之路"将对促进"一带一路"民心相通建设大有裨益。

2. 中拉携手抗疫是对"健康丝绸之路"理念的切实体现

"一带一路"倡议强调同舟共济,开创健康安全的未来。"健康丝绸之路"是拓展"一带一路"卫生合作空间、构建人类卫生健康共同体的有效路径,生动诠释了人类同甘苦、共患难的命运

---

① 《中国与拉美和加勒比国家合作规划》(2015—2019),中国—拉共体论坛网站。

② 《中国与拉共体成员国优先领域合作共同行动计划》(2019—2021),中国—拉共体论坛网站。

③ 《孙达出席 2021 中拉传统医学交流论坛》,中国—拉共体论坛网站,http://www.chinacelacforum.org/ chn/ltdt/t1879076.htm。

共同体内涵。[①]

2020年年初是中国抗击疫情最困难的时候，拉美国家和人民给予了中国真诚帮助和支持。拉美包括巴西总统博索纳罗、阿根廷总统费尔南德斯、智利总统皮涅拉等在内的17个国家的领导人、6个国家的外长、多国主要政党及重要组织负责人致函致电表达对中国的支持。[②] 在第31届加勒比共同体首脑会议结束后发布的公告中，加共体各政府首脑也特别表达了对中国抗击疫情的同情与支持。哥斯达黎加、格林纳达等多国中央政府向中方捐赠近60万只口罩、100万副灭菌手套、数万套手术服等医疗物资；秘鲁漫画家万韦表示自己"目睹了中国人为了拯救他人生命所表现出的极大团结"，据此他所创作的"热干面"海外版漫画一时传遍整个网络。[③] 阿根廷足协为一位援鄂护士实现"三八妇女节"愿望，赠送这位护士的儿子一件国家队10号梅西球衣……

随着巴西出现第一例新冠病毒病例的出现，新冠疫情开始在拉美和加勒比地区蔓延。为此，中国积极主动与拉美地区国家开展合作，毫无保留地分享抗疫经验，迅速向拉美人民提供急需的援助。习近平主席同巴西、智利、阿根廷、墨西哥等拉美国家领导人通电话、互致信函，表达了守望相助、共克时艰的坚定意愿。中国政府、企业和民间捐助的一批批物资万里驰援，为当地提供了巨大支持。截至2020年8月1日，中国向拉美地区30国捐赠口罩、防护服、检测试剂盒等紧急医疗物资2700多万件，

[①] 郑东超：《加快共建健康丝绸之路步伐》，《学习时报》，2020年9月11日，第2版。

[②] 《中拉携手抗疫生动诠释"天涯若比邻"》，人民网，http://qh.people.com.cn/n2/2020/0801/c182753-34199048.html。

[③] 《合作抗疫　谱写中拉命运共同体之歌》，新华网，http://www.xinhuanet.com/world/2020-04/24/c_12105 88256.htm。

呼吸机 1100 余台。为支持拉美国家抗击疫情，中国应邀向委内瑞拉和秘鲁派出抗疫医疗专家组。中国专家与拉美同行共同举办了 30 余场跨洋经验交流视频会，毫无保留地分享抗疫经验。[①] 此外，中国还积极提供采购、运输、清关等便利，协助拉美国家搭建起"空中桥梁"和抗疫"生命通道"。

墨西哥总统洛佩斯为此特别强调墨西哥同中国一直保持着兄弟般的友好关系，并致力于发展对华关系，加强公共卫生等领域交流合作。中拉虽相隔万里，通过此次抗疫合作，双方人民之间的友谊得到了升华，中拉双边关系的战略性有所提升，并共同为维护全球和地区公共卫生安全作出了积极贡献。中拉团结抗疫不仅生动诠释了"患难见真情"的人文精神，而且也切实体现了"健康丝绸之路"的理念。

3. 后疫情时代疫苗合作将为中拉共建"健康丝绸之路"助力

2020 年 7 月，国务委员兼外交部长王毅在中拉应对新冠肺炎疫情特别外长视频会议上的主旨讲话指出，着眼"后疫情时代"，中国愿在共建"一带一路"框架下继续同地区国家深化基础设施、能源、农业等传统领域合作，同时在公共卫生、远程医疗等领域积极开拓，打造"中拉健康丝绸之路"等新亮点。[②] 在后疫情时代，新冠疫苗的研发与接种无疑是全球关注的焦点。泛美卫生组织主任艾蒂安（Carissa Etienne）呼吁在病例和死亡负担最重的美洲开展疫苗接种应当成为全球优先事项。拉丁美洲和加勒比地区

---

① 《中拉携手抗疫生动诠释"天涯若比邻"》，人民网，http://qh.people.com.cn/n2/2020/08 01/c182753‑34199048.html。

② 《携手应对疫情挑战，推进构建中拉命运共同体》，中国—拉共体论坛网站。

拥有 6 亿多人口，截至 2021 年 6 月他们中只有 1/10 的人接种了新冠疫苗，因此疫苗需求十分迫切。[①]

全球新冠疫苗接种计划持续推进后，中国疫苗也逐渐成了支援拉美地区的抗疫主力。智利、秘鲁、乌拉圭和多米尼加等拉美国家总统均接种了中国新冠疫苗。目前在拉美 33 个国家中，有 16 个国家已接种了中国的科兴、国药和康希诺 3 种新冠疫苗。截至 2021 年 5 月，拉美地区 10 个人口最多国家收到的 1.435 亿剂疫苗，逾半数来自中国。[②] 阿根廷与厄瓜多尔在国内已大量接种中国国药和科兴新冠疫苗后，也先后宣布已签署购买单剂注射的中国康希诺新冠疫苗的采购协议。阿根廷药监部门也批准了康希诺疫苗在阿根廷境内紧急使用的许可。

除此之外，巴西、智利、乌拉圭等国卫生部多次发布在其境内接种新冠疫苗的效果报告。这些报告不仅充分肯定了中国新冠疫苗的保护率和安全性，而且特别指出接种中国疫苗对大幅减少这些国家的感染者死亡率和住院率发挥了非常重要的作用。根据乌拉圭发布的初步数据研究，接种科兴疫苗能将感染新冠死亡的概率降低 97%，接受重症治疗的比率降低 95%。

同样大量使用科兴疫苗的还有巴西。根据泛美卫生组织的统计数据，截至 2021 年 6 月 24 日，该国已接种的疫苗中有 51% 来自科兴。[③] 巴西巴拉那联邦大学对古里提巴 170 名打完两针科兴的医护人员的新研究发现，在完成接种 40 天后，97% 的人体

---

① 泛美卫生组织网站，https://www.paho.org/es/medios/rueda-prensa-semanal-sobre-situacion-covid- 19-region-americas。

② 金融时报：《中国疫苗在拉美充当主力》，https://www.ftchinese.com/story/001092427?archive。

③ 泛美卫生组织网站，https://ais.paho.org/imm/IM_DosisAdmin-Vacunacion.asp。

内都对新冠 S 蛋白（棘突蛋白）产生了抗体，并证实疫苗有效。与此同时，中国公司研发的 mRNA 新冠疫苗 ARCoV 已于 2021 年 5 月底在墨西哥开始第 3 期试验。事实上，该疫苗以缺乏研发能力和疫苗供给的国家作为优先考量，首选地或在南美洲。

为持续高质量推动"一带一路"国际合作，打造更紧密的卫生合作伙伴关系，在 2021 年 6 月举行的"一带一路"亚太区域国际合作高级别视频会议上，中国同智利、哥伦比亚等国共同发起了疫苗合作伙伴关系倡议。中国也表示将"继续深化疫苗国际合作，尽己所能向包括'一带一路'合作伙伴在内的国家提供更多亟须的疫苗等抗疫物资，支持新冠肺炎疫苗知识产权豁免，助力各国最终战胜疫情"。[①] 拉美地区是发展中国家中受疫情影响最大的地区，中国为促进疫苗在发展中国家的可及性和可担负性作出的承诺和努力势必为中拉共建"健康丝绸之路"注入强大信心和动力。

二、中拉共建"健康丝绸之路"的挑战

1. 拉美国家医疗卫生体系的不完善与不平等

拉美长期以来一直遭受不平等问题的困扰，与此同时，其公共卫生系统始终比较薄弱。比如，拉美地区自费医疗支出水平很高，平均占医疗总支出的 34%。面对突如其来的新冠肺炎疫情，拉美医疗卫生系统较弱，服务覆盖水平较低，在应对新冠肺炎疫

---

① 《"一带一路"疫苗合作伙伴关系倡议》，新华网，http://www.xinhuanet.com/2021-06/24/c_1127592302.htm。

情这种大流行病时总体情况较差。①

　　医疗卫生工作者特别是医生和护理人员是医疗卫生系统的基石。根据经济合作与发展组织（以下简称：经合组织）的统计，每1000人中，拉美地区医生、护理人员的平均数量为2.0人和2.8人，均低于经合组织的平均水平（3.5人和8.8人）。在医生数量上，仅古巴、乌拉圭、特立尼达和多巴哥、阿根廷4国高于经合组织平均水平；海地、洪都拉斯和危地马拉每1000名居民中的医生数量最少，其密度低于0.5。医生数量最多的古巴是医生数量最少的海地的42倍（8.4人和0.2人）。在护理人员方面，拉美地区所有国家均未达到经合组织的平均水平，而危地马拉、海地、洪都拉斯、牙买加和委内瑞拉每1000名居民中只有不到1名护理人员。护理人员数量最多的古巴是数量最少的危地马拉的76倍（7.6人和0.1人）。由此可见，整体而言，拉美国家的医护人员短缺现象较为严重且国与国之间差异巨大。

　　拉美国家在医疗科技水平方面也存在严重不平衡的现象。以价格昂贵、用于诊断各种疾病的CT扫描仪为例，智利拥有的数量最多，每百万居民有24台，而海地、尼加拉瓜、圣文森特和格林纳丁斯每百万居民拥有不到1台CT扫描仪。就药品研发而言，直至2021年6月，拉美首款新冠疫苗才由古巴研发成功，墨西哥、秘鲁等国早已开始自主研发本土疫苗，但至今尚未成功。

　　根据经合组织数据，2017年拉美地区政府总体医疗卫生支出占公共支出总额的比例为12.75%，远低于经合组织国家的

---

① OECD/The World Bank, "Panorama de la Salud: Latinoamérica y el Caribe 2020," https://doi.org/10. 1787/740f9640-es.

24.5%。在哥斯达黎加和巴拿马,超过 20% 的公共开支用于医疗卫生领域。相比之下,在海地和委内瑞拉,只有不到 6% 的公共支出用于医疗卫生领域。目前,拉美地区的公共医疗卫生支出占国内生产总值的 3.8%,低于经合组织国家(占国内生产总值的 6.6%)。为此,《美洲可持续健康议程(2018—2030)》将公共医疗卫生支出设立为至少占国内生产总值 6% 的目标,借以推动实现全民健康。[①] 然而,新冠肺炎疫情普遍加剧了拉美各国的债务负担,甚至有可能重蹈 1982 年的债务危机。这使中拉后疫情时代的合作面临不少困难。

2. 拉美国家政治经济中的不确定因素

在大宗商品繁荣周期结束之后,拉美经济发展陷入了长时间的停滞状态,拉美国家始终面临着严重的政治社会动荡。2019年,秘鲁总统比斯卡拉于 9 月 30 日突然宣布解散国会后,该国陷入几十年以来最严重的政治危机;厄瓜多尔取消燃油价格补贴的决定导致该国爆发大规模抗议活动,莫雷诺政府被迫临时迁至瓜亚基尔办公;智利首都圣地亚哥的地铁票价小幅上调,随即引发暴力抗议活动;玻利维亚总统选举结果引发强烈争议,总统莫拉莱斯被迫辞职并出国避难……

受新冠肺炎疫情影响,部分拉美国家也陷入了政局动荡或政治危机。2020 年 11 月,秘鲁政局剧烈动荡,10 天之内总统两易其人。在巴西、墨西哥等国,联邦政府与地方政府之间、总统与部长之间在疫情防控模式、复工时机等问题上分歧严重,矛盾激

---

① OPS, "AGENDA DE SALUD SOSTENIBLE PARA LAS AMÉRICAS 2018-2030," https://www.paho.org/es/agenda-salud-sostenible-para- americas-2018-2030.

化。巴西一年之内撤换了多任卫生部部长。2021年7月，海地总统惨遭暗杀，卫生和人道主义组织表示在海地这个卫生基础设施薄弱且尚未接种新冠疫苗的国家，总统被暗杀事件进一步限制了该国抗击新冠肺炎疫情的行动。古巴虽然是拉美唯一能够生产两种本国疫苗的国家，但由于缺乏购买原材料和其他相关材料的资金，古巴疫苗接种行动也明显延迟；同时由于新冠肺炎疫情导致的国内经济危机，古巴也爆发了大规模的反政府抗议游行。

放眼全球，最近10年来，由于全球技术进步速度放缓、全球投资中无形资产投资占比上升、人口老龄化以及经济全球化减速等因素的影响，全球经济增速下滑[①]。新冠肺炎疫情导致了第二次世界大战后全球最严重的经济衰退。2020年全球经济增速为-3.3%。拉美地区的经济衰退更为严重。拉丁美洲和加勒比经济委员会发布的《区域经济初步概览》报告称，2020年该地区经济平均收缩7.7%，为120年来之最。报告同时预测：2021年该地区经济增长率将为3.7%，不足以恢复到新冠肺炎疫情前的水平；经济恢复的过程将很缓慢，要到2024年才能结束。[②]

此外，长期以来，拉美地区意识形态斗争激烈。其中，许多国家政治格局碎片化和党派纷争日趋激烈。意识形态、政治立场和政策主张的分歧使各政党在许多问题上难以达成共识，政府议案难以在议会中顺利通过，重大政治议程难以推进。自2019年以来，阿根廷正义党带领左翼联盟击败志在连任的右翼马克里政府。这被视为拉美左翼回升的"风向标"。2020年突然爆发的新冠肺炎疫情进一步暴露了拉美国家正在执政的右翼政府的诸多治

---

①　张明:《世界经济的"三低两高"现象》,《国际金融》2021年第6期,第10–12页。

②　"Perspectivas Económicas Comisión Económica para América Latina y el Caribe (CEPAL)," 拉丁美洲和加勒比经济委员会网站, https://www.cefp.gob.mx/ixDOCs/2017/311-201217.pdf.

理短板，持续推高了各国民众的不满情绪，也进一步加强了拉美地区左翼政治力量。在玻利维亚，前经济部长、左翼经济学家路易斯·阿尔塞在 2020 年 10 月大选中以巨大优势当选总统；2021年 5 月，在智利制宪会议和地方选举中，右翼执政联盟"Vamos"在 155 席中仅获 38 席，其他席位大多为中左翼、印第安人代表和独立政治人士获得。不过，在 2021 年的厄瓜多尔大选中，来自右翼"创造机会运动·基督教社会党联盟"的保守派候选人、前银行家拉索击败了选前被普遍看好的左翼候选人阿劳斯，在地区左翼声势渐旺的情况下"扳回一城"。这表明左右之争仍是拉美政坛的主旋律，拉美政治格局将呈现左右拉锯对峙、互有攻防、交替执政的"新常态"。由此可见，在内外不确定性因素增多的背景下，拉美地区的政治和经济走向日趋复杂多变。

拉美地区是世界上受民粹主义影响最深重的地区。博索纳罗的崛起显示民粹主义在巴西开始与极右翼力量结盟。这种动向如果从巴西扩展到拉美其他国家将对该地区的发展和稳定带来一定威胁。[①] 以上种种问题无疑会给中拉共建"健康丝绸之路"带来不小挑战。

3. 第三方对拉美公共卫生治理的参与与介入

中拉共建"健康丝绸之路"的构想在拉美还面临第三方在场的情境。由于历史和语言方面的联系，美国和欧洲国家对拉美公共卫生治理的参与和介入程度较深，对拉美医疗法律法规、制度、技术和产品标准的影响较大。诸多与医疗卫生有关的全球性

---

① 谭道明:《美国与拉美民粹主义的主要区别与左右分野》，《拉丁美洲研究》2020 年第 1 期，第 111–137 页、第 157–158 页。

机构和国际非政府组织由西方国家主导，在拉美国家的卫生体系里掌握着重要话语权。世界卫生组织是国际上最大的政府间卫生组织，美国则是世界卫生组织及大多数联合国机构的最大捐款国。美国会费约占世界卫生组织正规预算的22%。如果美国不缴纳会费和自愿捐款，世界卫生组织资金来源的稳定性将受到严重影响。[①] 作为世界卫生组织的美洲区办事处，泛美卫生组织总部设在华盛顿特区，受美国的直接影响。

在医疗援助领域，西方组织和国家也占据着主导性地位。根据世界银行统计，2012—2015年拉美地区收到捐助的主要来源是欧盟（56%）、美国（21%）和西班牙（12%）。[②] 总体而言，欧盟一直是拉美发展援助的主要来源。欧洲议会议员和欧洲—拉美议会大会的联合主席哈维尔·洛佩斯也提出欧盟和拉共体须扩大和加强在发展合作、人道主义援助和科研等领域的双边合作手段，以减轻新冠肺炎疫情的影响，减少不平等现象并加强公共卫生系统。[③]

拉丁美洲和加勒比地区一直被视为"美国的后院"，是美国的传统势力范围。自2019年年底以来，美国政府相继推出"美洲增长"倡议、《西半球战略框架》等一系列文件以期强化对拉美的控制。面对来势凶猛的新冠肺炎疫情，拉美各国在普遍感到自身能力不足、迫切需要外部援助时，近在咫尺的美国自然是寻求外援的首选。鉴于新冠病毒的特殊性、危险性，美国从2020年4

---

① 韩铁如：《世界卫生组织全球卫生治理的挑战》，《国际政治研究》2020年第3期，第115–123页。

② "La Cooperación Internacional en América Latina en la última década. Entre la expectativa y la realidad," RedEAmérica 网站，https://www.redeamerica.org/Portals/0/Publicaciones/DesarrolloLocal/Cooperacion Interna-cional_AmericaLatina.pdf?ver=2016-11-28-121837-430.

③ López J., "Por una alianza estratégica en el mundo post-covid-19," Análisis Carolina, p.1.

月开始动用政府和军队的力量向拉美国家提供抗疫援助和合作，且主要依托美军南方司令部与拉美几乎所有国家开展抗疫军事合作。截至 2020 年 8 月 17 日，美国政府援助拉美和加勒比地区抗疫资金达 1.35 亿美元。2020 年 12 月 3 日，美国代理国防部部长米勒（Christopher C. Miller）在参加第 25 届美洲国家国防部长视频会议时称美军北方司令部和南方司令部实施的 441 个防治冠状病毒的援助项目支援了北美洲、中美洲和南美洲的 30 个国家，投入总金额为 3040 万美元。[①] 针对拉美地区对新冠疫苗的迫切需求，2021 年 6 月美国也承诺将通过世界卫生组织主导的"新冠肺炎疫苗实施计划"提供约 1400 万剂给拉丁美洲和加勒比地区。

目前，已有 19 个拉美地区国家签署了"一带一路"国际合作相关协议。然而，拉美地区普通民众对"一带一路"国际合作的了解程度还很低。当代中国与世界研究院开展的 2018 年中国国家形象全球调查数据表明，在所有被调查的 20 个海外国家中，对"一带一路"国际合作认知度最低的 5 个国家中拉美占了 3 个，分别是阿根廷（5%）、智利（5%）和墨西哥（8%）。这 3 国不足 10% 的认知度，远低于全球 20% 的平均水平。[②] 在单边主义和保护主义抬头、大国竞争加剧以及美国已将中国定位为战略竞争对手的大背景下，中国与拉美之间在医疗卫生领域的合作势必会受到美国及其他西方国家的阻挠。

---

① 徐帅：《美国与拉美抗疫军事合作：行动、特征及影响》，《国际研究参考》2021 年第 5 期，第 26–33 页。

② 《"一带一路"在拉美，企业认可度如何提高？》，中国一带一路网，http://www. dg.gov.cn/dgsmch/ gkmlpt/content/3/3194/post_3194294.html#1540。

三、中拉共建"健康丝绸之路"的推进路径

1. 细化政策对接，提升中拉医疗卫生领域合作的战略地位

把握后疫情时代中拉共建"健康丝绸之路"的发展机遇，正视并克服来自多方面的困难与挑战，是中拉共同构建人类卫生健康共同体和中拉命运共同体的必由之路。为此，中拉应秉承"一带一路"国际合作中的"共商、共建、共享"原则，以现存机制为基础，细化政策对接，不断提升医疗卫生领域合作在中拉合作框架中的战略地位。

"一带一路"国际合作构想提出3年后，根据党的十八届五中全会战略部署，中国又制定了推进国民健康的行动纲领——《"健康中国2030"规划纲要》。该规划纲要不仅把中国人的健康放在优先发展战略地位，而且把促进中国同"一带一路"沿线国家的卫生合作、积极参与全球健康治理作为实现健康中国规划纲要的支撑与保障[1]。与此同时，泛美卫生组织成员国也在2016年决定制定《美洲可持续健康议程（2018—2030）》。该议程反映了医疗卫生领域美洲最高级别的战略规划和相关政策，其设立的目标包括"扩大公平获得以个人、家庭和社区为中心的全面、综合、优质的医疗服务机会，以促进健康和预防疾病为重点"等。该议程实施的若干关键战略方法包括开展南南合作和进行战略沟通等内容。[2] 由此可见，中拉双方在致力于实现"健康中国"和"可

---

① 《中国与世卫组织签署〈备忘录〉推动多项合作创新》，中国政府网，http://www.nhc.gov.cn/xcs/wzbd/201701/50a260e2314646a8bf24e89ac0e31056.shtml。

② OPS, "AGENDA DE SALUD SOSTENIBLE PARA LAS AMÉRICAS 2018-2030," https://www.paho.org/es/agenda-salud-sostenible-para-americas-2018-2030.

持续健康"上具有相近的战略目标。在此基础上，中国需进一步细致谋划"健康中国 2030 规划"与拉美各国健康发展战略之间的相互嵌合与对接。

《中国与拉共体成员国优先领域合作共同行动计划（2019—2021）》的推出虽然表明中拉双方在发展规划方面达成了高度的共识和对接，但该计划并未将医疗卫生领域的合作像政治与安全、农业、工业和科技等其他领域一样单独列出，而只是在"第八条其他领域合作"中提出了与医疗卫生相关的两点内容。由此可见，中拉共建"健康丝绸之路"还需进一步加强顶层设计，细化相关政策对接。

鉴于拉美各国的医疗卫生情况差异显著，其需求也各不相同，应当在对拉美各国发展战略及具体现状深入了解的基础上，根据不同类型确定重点国家并构建战略支点，以点带面，从线到片，逐步形成区域大合作格局。古巴、巴西、阿根廷的医疗卫生体制较为完善，在高质量的药品研发和生产、医疗卫生体系的筹资管理、医疗保障制度的完善性等方面各具优势，[①] 因此，可在医疗卫生发展位于前列的拉美国家构建战略支点，推进示范性项目建设，加强各不同领域的合作。对于墨西哥、厄瓜多尔、哥伦比亚等医疗卫生人员、医疗基础设施与设备供应水平亟须提升的国家，中国可借鉴他国经验，以"新丝绸之路大学联盟""一带一路"高校战略联盟等平台为依托，加强与拉美各国联合培养医疗卫生人才，并通过政府间项目等多种形式开展人才培养、人员培训、科研合作、政策研究等方面的交流与合作。以在厄瓜多尔

---

① 查竞春、段振楠：《古巴、巴西、阿根廷医疗卫生体制机制及启示》，《特区实践与理论》2019 年第 2 期，第 116–120 页。

承建的医院为起点，探索中国在拉美援建医疗基础设施的更多路径。对于海地、危地马拉等贫困国家，可通过无息贷款等援助形式帮助其加强医疗卫生体系建设，提高其应对各类重大传染性疾病的能力等。

2. 官民并举，推动中医及中医药根植拉美

发达的医疗水平是社会健康发展的重要保障，公共卫生安全对国家的和平发展和民生福祉具有重要意义。作为中华文化的瑰宝，中医药的传承创新生动诠释了中华民族几千年来的健康养生理念和解决患者疑难杂症的医疗成就，反映了中华民族的博大智慧。中医药在拉美国家的进一步发展可帮助拉美国家开展疾病防治和改善医疗卫生体系，推动中拉卫生健康共同体的建设。民间力量加入中医及中医药在拉美的传播和参与拉美的公共卫生治理，对医疗卫生领域的民心相通建设大有裨益。

世界卫生组织对非国家行为体的重视（社会组织或个人）可以极大地弥补主权国家有关全球公共卫生治理能力不足的缺限并作出更积极的贡献。《中国与拉共体成员国优先领域合作共同行动计划（2019—2021）》也明确鼓励和支持各国政府与政府间、地方各级医疗卫生机构间直接开展合作，以更好地加强拉美各国卫生体系建设。

据国际公益学院研究团队不完全统计，在全球抗击新冠肺炎疫情过程中，截至 2020 年 3 月 31 日中国内地社会组织已经或计划开展的全球抗疫行动覆盖全球至少 109 个国家（不含中国），

占有疫情国家的 54%。[①] 中国深圳猛犸基金会联合政府有关机构、私营部门、社会组织并通过中国驻当地大使馆向秘鲁、阿根廷、巴拿马、加勒比海岛国、特立尼达和多巴哥等国捐赠了大量新冠病毒检测试剂盒;马云公益基金会和阿里巴巴公益基金会联合发起了 GMCC 平台,发布了多语种《新冠肺炎防治手册》供各国医护免费下载,并有武汉雷神山医院等知名国内医院在线与海外医护人员分享抗疫经验。以上行动在包括拉美地区在内的全球各地均产生了良好反响,提升了中国在医疗卫生领域的全球影响力。而中医药为抗击疫情作出的重要贡献则推动了其在拉美的进一步发展。在 2021 年 5 月举行的中拉传统医学交流论坛上,委内瑞拉等 19 个拉共体与会国家代表对中医药及其他传统医学的作用、特色和优势也给予了充分的肯定。与此同时,中拉之间的医药贸易也实现了稳步增长。2020 年 1—7 月,中国对拉美地区的医药产品出口额达 37.78 亿美元,同比增长 30.8%。[②] 值得一提的是,中国为墨西哥供应的抗疫物资完全采用了中国标准,墨西哥因而成了拉美地区认可"中国品牌"及"中国标准"的典范。

后疫情时代,在中拉共建"健康丝绸之路"的事业上,中方可利用各民间力量和中医药在拉美产生的积极影响,在政策上扶持和培养更多非国家行为体,并鼓励它们参与中医及中医药在拉美地区的传播,为拉美公共卫生治理作贡献。以中墨合作为基点,促进更多拉美国家在传统医学领域的资质和标准互认,并消除合作壁垒。与此同时,中方也应建立健全中药材等国际贸易中

① 《中国社会组织参与全球抗疫十大行动案例发布》,《公益时报》,http://www.gongyishibao.com/html/gong yizixun/18511.html。

② 《集体出海拉美机会来了》,《医药经济报》,http://www.yyjjb.com.cn/yyjjb/202011/20201119152315 2315_9177.shtml。

的"中国标准",加强知识产权保护并建立认证体系,实现医药并举,推动以中草药种植、中医药品生产加工、中药材现货期货交易服务为代表的三个产业协调发展,[①] 最终促成中医及中医药根植拉美。

3. 积极参与全球卫生治理合作,共同构建人类卫生健康共同体

当今世界,受气候变化、全球大流行疾病等因素的影响,全人类面临着更大的健康风险。健康已不仅被视为一项人权,而且更意味着发展,对人类安全和国家治理发挥着重要作用。[②] 此次新冠肺炎疫情愈加凸显出人类的荣辱与共、命运相连。

全球卫生治理需要各国长期的战略关切。面对突发的公共卫生事件,没有国家能独善其身。拉美国家很早就开始参与全球卫生治理。2005年,世界卫生组织设立了健康问题社会决定因素委员会,巴西在该机构中充当了领军角色。在2011年里约热内卢会议上,健康社会决定因素领域具有标志性的《里约宣言》一经发布便得到了许多国家的认同。对于世界卫生组织改革,巴西也起到了领导作用。[③] 作为负责任的大国,中国近年来一直积极参与全球卫生治理,并在包括世界卫生组织在内的联合国各类专业化卫生治理机构(如联合国人口活动基金会、联合国艾滋病规划

---

① 国家中医药管理局:《治愈国际政要,助力全球抗疫——中医药战"疫"经验走向世界》,http://www.satcm. gov.cn/hudongjiaoliu/guanfangweixin/2020-12-03/18727.html。

② PAHO, "Sistemas de salud y protección social en salud," https://www3.paho.org/salud-en-las-americas-2012/index.php?option=com_content&view=article&id=59:health-systems-and-social-protection-in-health&Itemid=164&lang=es.

③ 北京大学区域与国别研究院,《外交官眼中的全球疫情观察与分析——拉丁美洲》,https://ias.pku.edu.cn/docs/2020-12/211666f338e7448fa219bd4ccedcc18c.pdf。

署以及多边卫生基金等）中发挥了积极作用。[①] 2017 年 1 月，中国与世界卫生组织签署了关于"一带一路"卫生领域合作谅解备忘录。这一具有里程碑意义的文件意味着中国同世界卫生组织的务实合作扩展到了"一带一路"沿线国家、区域和全球层面。中国是世界上最大的发展中国家，拉美国家中发展中国家也比较集中。由于多种原因，双方在国际舞台上话语权均存在不足问题。因此，中拉双方在全球卫生治理规则制定中应进一步加强合作。借助中拉论坛、G20、APEC 等平台的对话和协商，双方在推动制定与全球卫生治理相适应的国际贸易、投资等方面的国际规则中为广大发展中国家争取了更多话语权。

因地理位置的原因，拉丁美洲国家气候与非洲较为相似，因此具有热带病多发的先天弱势。除传统的三大疾病——艾滋病、结核和疟疾外，世界卫生组织规定的 17 种易被忽视的热带病在拉丁美洲也都普遍存在。拉美地区面临的传染病挑战和负担与非洲类似。[②] 有鉴于此，中国可借鉴中非医疗卫生领域的合作经验，并通过联合国艾滋病规划署、国际红十字会、无国界医生和全球抗击艾滋病、肺结核和疟疾基金以及全球疫苗与免疫联盟等推进中拉在医疗卫生领域的合作。鉴于发达国家、实力雄厚的跨国医药企业以及有国际影响力的技术机构在全球卫生合作伙伴关系体系中捐资较多，拥有很大话语权，[③] 中国更应积极参与全球机构在拉美地区的公共卫生治理并通过增加资金和技术支持，与相关

[①]　郝宇彪:《全球卫生治理的困境与中国推动构建人类卫生健康共同体的路径选择》，《国外社会科学》2021 年第 4 期，第 93–105 页。

[②]　北京大学区域与国别研究院:《外交官眼中的全球疫情观察与分析——拉丁美洲"》，https://ias.pku.edu.cn/docs/2020-12/211666f338e7448fa219bd4ccedcc18c.pdf。

[③]　韩铁如:《世界卫生组织全球卫生治理的挑战》，《国际政治研究》2020 年第 3 期，第 115–123 页。

国际机构和非国家行为体结成更紧密的合作伙伴关系。

　　作为美洲体系的专门卫生机构，泛美卫生组织是拉美地区重要的国际组织。受新冠肺炎疫情影响，泛美卫生组织也加强了与中国在全球卫生治理等方面的交流（例如，中国驻巴西大使同泛美卫生组织驻巴西代表曾就加强抗击新冠肺炎疫情合作、共同维护地区和全球公共卫生安全等事务交换意见；中国医疗专家与泛美卫生组织秘鲁代表处工作人员也交流了抗疫经验）。中国可以此为契机，进一步加深与泛美卫生组织间的互动与合作。

　　总之，中国和拉美均为全球公共卫生治理的参与者。双方可通过各类机制积极参与全球卫生治理合作，提升彼此在国际舞台上的话语权并为落实联合国《2030年可持续发展议程》以及共同构建人类卫生健康共同体作出积极贡献。

王轶杰 ①

从《共产党宣言》术语汉译变迁看
"一带一路"倡议下的翻译策略

内容介绍

〔摘　要〕翻译是不同文化背景下的人们跨越语言壁垒交流的重要途径，也是构建民心相通的基础。《共产党宣言》作为源自德国的马克思主义典籍，对世界共产主义事业和近现代以来我国社会主义革命与建设事业都有着重要影响。

本文选取陈望道、谢唯真和中央编译局的三个《共产党宣言》代表性译本，探究其翻译效果，并在此基础上概括出新时代外译汉工作的重点，从而帮助译者更好地发挥翻译在"一带一路"国际合作事业和人类命运共同体构建中的桥梁作用。

〔关键词〕"一带一路"；《共产党宣言》；翻译；民心相通

①　王轶杰，北京第二外国语学院欧洲学院德语语言文学专业硕士研究生。本文系北京第二外国语学院研究生科学研究一般项目"百年变迁中的《共产党宣言》汉译路径"[2021GS14YB17]阶段性成果。

中德两国作为"一带一路"国际合作中两个具有重要影响力的国家，自近代起便在各领域有着较为丰富的交流，特别是当马克思主义传入中国并成为主流思想后，两国有关交流日益增多。《共产党宣言》（以下简称：《宣言》）是马克思主义经典著作，其不仅在国际共产主义运动中发挥着提纲挈领的作用，而且还极大地影响着近代以来的中国。自 1920 年陈望道完成《宣言》的首个完整汉译本起，《宣言》在百年间历经多次译介、出版，成为在我国被译介次数最多的马克思主义典籍。[①]《宣言》译法演变所体现出的既是译者思想的不断进步，也是马克思主义思想被逐渐纳入中国文化体系、实现马克思主义中国化的发展历程，更为"一带一路"大背景下的翻译提供了重要借鉴。

近年来，随着我国综合国力的提升和国际话语权的增强，汉译外已成为译界研究的主流。但"一带一路"国际合作背景下的国际交流是双向的，外方的观点与看法同样值得我们探究。

一、《宣言》重要概念汉译变迁

自 19 世纪末传教士的初次引介起，《宣言》在我国被外国传教士、资产阶级知识分子、马克思主义者等翻译主体先后译介。翻译范围从初期的个别概念、部分语段的选译逐渐演变到全文乃至不同版本序言的翻译，译词、译语、译文、译本层出不穷。据统计，我国大陆出版的《宣言》中文全译本共有 12 个，其中新中国成立前的 6 个译本分别为 1920 年陈望道译本，1930 年华岗

---

①　方红：《〈共产党宣言〉重要概念百年汉译及变迁》，《外国语》（上海外国语大学学报）2020 年第 6 期，第 84 页。

译本，1938 年成仿吾、徐冰译本，1943 年陈瘦石译本，1943 年博古译本以及 1949 年莫斯科外国文书籍出版局发行的谢唯真译本。这些译本间差异较大，较为充分地反映了我国知识分子接受马克思主义的过程。新中国成立后的 6 个译本分别是中央编译局于 1958 年、1964 年、1978 年、1995 年和 2009 年出版的 5 个版本以及 1978 年成仿吾的新译校本。①

12 个译本中，陈望道译本是《宣言》首个完整汉译本，对马克思主义在中国的早期传播和中国共产党的成立奠定了重要基础；谢唯真译本虽出版于苏联，但却以《宣言》德文原文为翻译底本，并在编译过程中参照《1888 年英文版序言》和《1890 年德文版序言》这两个重要序言的相关内容，因其准确性和全面性一度成为官方推荐书目；2009 年中央编译局出版最新译本，并于 2014 年推出单行本（这一版本也被收录于 2018 年的《纪念马克思诞辰 200 周年马克思恩格斯著作特辑》当中），成为当今最权威的版本。因此，本文将选取上述 3 个译本作为主要分析对象。

作为《宣言》中的重要概念，其首句、尾句历来是翻译研究的重点。此外，在第二章中，马克思、恩格斯明确指出消灭私有制对共产党人和共产主义的重要性。因此"消灭私有制"也成了百年来《宣言》汉译变迁的重要组成部分。本文将选取这 3 处作为《宣言》重要概念汉译变迁的研究对象，分析影响译者翻译的因素及翻译效果。

---

① 杨金海:《马克思主义中国化源头一瞥——从《共产党宣言》重要语句的中文翻译说开去》,《党的文献》2011 年第 6 期，第 122 页。

1. 首句中的"Gespenst"与"um/gehen"

《宣言》甫开篇便借人之口说明共产主义的处境和所面临的困难："Ein Gespenst geht um in Europa-das Gespenst des Kommunismus"（一个幽灵，共产主义的幽灵，在欧洲游荡）。《宣言》首句作为翻译热点，其中心名词"Gespenst"及其支配的可分动词"um/gehen"在各译本中的译法均有所不同，在此将其列出。

陈望道译本中"怪物"为贬义词，符合源文中"旧欧洲的一切势力"对共产主义的态度，但"徘徊"所表示的含义仅为"来回地走"，并未体现出时人观点。谢唯真译本中"怪影"融合了先前译本中"怪物"和"巨影"两个译法，较陈望道译本更凸显了共产主义的飘渺与神秘，含义为"闲游放荡"的贬义词"游荡"也从侧面印证共产主义在当权者心中的负面形象。中央编译局译本在延续使用谢唯真"游荡"译法的基础上，将"Gespenst"译为"幽灵"。这一译法向"鬼神"更进一步，因为"幽"含"隐蔽"之义，"灵"则通"非凡之力"。[①] 在此，译者通过对掌权者怯懦的侧面刻画突出了共产主义所具有的强大威慑力。至此，欧洲旧势力对共产主义的恐惧与排斥便已充分体现。

表1 《共产党宣言》首句代表性译法及其译本信息

译　语	译　者	时　间
有一个怪物，在欧洲徘徊着，这怪物就是共产主义。	陈望道	1920 年
一个怪影在欧洲游荡着——共产主义底怪影。	谢唯真	1949 年
一个幽灵，共产主义的幽灵，在欧洲游荡。	中央编译局	2014 年

---

① 方红：《〈共产党宣言〉重要概念百年汉译及变迁》，《外国语》（上海外国语大学学报）2020 年第6期，第87页。

2. 第二章中的 "Aufhebung des Privateigentums"

马克思、恩格斯在《宣言》的第二章论述 "Proletarier und Kommunisten" 有关所有制关系时明确表示："In diesem Sinne können die Kommunisten ihre Theorie in dem einen Ausdruck: Aufhebung des Privateigentums, zusammenfassen"（从这个意义上说，共产党人可以把自己的理论概括为一句话：消灭私有制）。在 对 "Aufhebung des Privateigentums" 的 翻译中，"Aufhebung" 在 3 个译本中分别被译为"废止"和"消灭"，意义区别较小；"des"是定冠词，无实际语义，"privat"均被译为"私有"，因此重点在于 "Eigentum" 的译法。

陈望道"私有财产"的译法符合德文的字面意思，同时沿用了中国传统话语体系中的已有术语，[①] 使读者将其与历史上的井田制、均产运动等建立起联系。但陈望道忽视的是私有财产作为个体开展各项活动的物质基础，不会也不可能被完全消灭，而且马克思、恩格斯反对的也只是资产阶级通过剥削雇佣劳动得来的私有财产，[②] 雇佣工人通过自己劳动所得、仅够维持自己和家人基本生存需要的微薄收入并不算在其中。谢唯真将 "Privateigentum" 译为"私有财产权"，虽将译文从物质财产本身深入到个人权利层面，但仍未意识到：决定私有财产的并非私有财产权本身，而是产生私有财产的制度。无产阶级的解放必须借

---

① 陈红娟:《〈共产党宣言〉中"消灭私有制"的译法演化与诠释转移》,《中共党史研究》2021 年第 2 期，第 50 页。

② 耿步健:《论正确理解〈共产党宣言〉中的"消灭私有制"思想》,《马克思主义与现实》2009 年第 6 期，第 184 页。

助对一定社会关系的改变和更新才能实现。[①] 直至中央编译局"消灭私有制"译法的出现，人们对这一概念的认识才彻底深化到经济制度层面，并揭示了私有财产产生的根源——私有制度，实现了这一概念的抽象化过程，使其彻底融入中国话语体系。

3. 尾句中的 "Proletarier"

在《宣言》尾句，马克思、恩格斯向全世界发出了 "Proletarier aller Länder, vereinigt sich!"（全世界无产者，联合起来！）的呼唤，以最简单的话语再次强调全文主旨。其中 "Proletarier" 是这句话的主语，更是全文的核心概念之一。陈望道将其译为"劳动者"，谢唯真和中央编译局均选择了"无产者"的译法。

"Proletarier" 一词首次出现于《宣言》第一章标题 "Bourgeois und Proletarier"，之后也有多次出现。但是英译本将第一章标题和全文尾句的 "Proletarier" 分别翻译为 "Proletarians" 和 "workingmen"，日译本则分别译为 "平民" 和 "プロレタリア"（工人、无产者）。受这两种译本影响，陈望道将德文原文中相同的 "Proletarier" 分别译成"无产者"和"劳动者"，并附上英译文。如此便拆开了德文原文中原本前后呼应的两处表达。谢唯真因以德文原文为底本，他应已发现"无产者"和"劳动者"两词汇间的联系，并将两处均译为"无产者"，且未如陈望道一般附上英译文。中央编译局沿用了谢唯真的译法。从陈望道与谢唯真、中央编译局译法的对比中，我们可以看到翻译底本选择的重要性。

---

① 李锐:《论私有制、私有财产的废除或消灭问题——基于〈共产党宣言〉"三个稿本"德文原文的分析与解读》,《马克思主义哲学论丛》2015 年第 1 期, 第 54 页。

　　作为新中国成立以来的权威译本,中央编译局译本历经多次重版,充分考虑了《宣言》原文、各语种经典译文和各汉译本,并在继承前人优秀成果的基础上推陈出新。编译局译本用语明确、逻辑清楚,在贴近现代白话文表述习惯的同时最大程度地还原德语原文,为当代马克思主义研究提供了极具价值的参考资料。

　　将编译局译本与建国前译本相比较,不难看出:新中国成立前各译本中,作者个人特色较为明显,其译介过程也是译者逐步理解马克思主义并将其传播的过程(译本直接决定传播效果,翻译效果甚至比准确性更重要);而编译局译本在用词、造句上都尽力还原德语原文(这说明一旦某个思想确定了主体地位,对其译介便会由初期个体译者的选择性意译转为集体译者并最大可能的全部直译),从而确保思想译介过程中的准确性和全面性。

表 2　"Aufhebung des Privateigentums"代表性译法及其译本信息

译　语	译　者	时　间
废止私有财产	陈望道	1920 年
消灭私有财产权	谢唯真	1949 年
消灭私有制	中央编译局	2014 年

表 3　"Proletarier aller Länder, vereinigt sich!"代表性译法及其译本信息

译　语	译　者	时　间
万国劳动者团结起来呵!	陈望道	1920 年
全世界无产者,联合起来!	谢唯真	1949 年
全世界无产者,联合起来!	中央编译局	2014 年

二、《宣言》汉译变迁带给我们的启示

中、德两国作为"一带一路"国际合作事业中两个具有重大影响力的大国，两国间经济、政治、文化交流日益密切，两国人民在思想上的沟通与碰撞也愈发频繁。民心相通作为"一带一路"建设的社会基石，依赖于人的沟通，而人的沟通又以语言互通为基础。[①] 习近平主席 2014 年在柏林会见德国汉学家、孔子学院教师代表和学习汉语的学生代表时强调，在世界多极化、经济全球化、文化多样化、国际关系民主化的时代背景下，人与人沟通很重要，国与国合作很必要。沟通交流的重要工具就是语言。一个国家文化的魅力、一个民族的凝聚力主要通过语言表达和传递。掌握一种语言就是掌握了通往一国文化的钥匙。由此可见，在当今时代背景下语言翻译对于民心相通的重要程度。

发挥好翻译的作用，首先应确定翻译底本，并尽可能从原文译入。原文最好地体现了作者的思想。外语译本尽管可能经过了原作者的审阅与认可，但终究不能完全还原作者意图。《宣言》1888 年英文版虽由恩格斯亲自校订并作序，但其将尾句"Proletarier"译为"working men"，与德文原文有所出入，陈望道以此为翻译底本，就会因受其影响而偏离马克思、恩格斯的本意。同时，以其他外语译本为翻译底本，也可能会在一些表达上照搬形近的词、句，从而禁锢翻译的创造性。例如，陈望道将

---

① 魏晖:《"一带一路"与语言互通》,《云南师范大学学报》(哲学社会科学版) 2015年第 4 期，第 44 页。

《宣言》首句中的"Gespenst"译为"怪物",就是照搬日译本译注的结果。如前所述,该译法尚有不足。从原文直接译入便可尽可能避免受到其他译本的误导,最大限度接近原意。

对原文的深层理解是翻译的重要基础,应避免翻译停留于字面。对"Privateigentum"的翻译经历了从"私有财产""私有财产权"再到"私有制"的过程,反映出我国先进知识分子理解、接受马克思主义的历史。只有从制度层面理解私有财产产生的根源,才能准确译出马克思、恩格斯的原意,保证马克思主义思想的传播与发展。在翻译时应当先做到对原文的深层把握,并在此基础上使译文尽可能表达出原文的全部内涵。

翻译应集思广益、博采众长。因所处时期、所持立场、个人风格等因素的差异,译者对原文的理解、在翻译时所作的决定也常常不尽相同。翻译初期,往往是译者的个人实践,此时译者的译文不仅片面,还有可能存在理解上的误区。陈望道、谢唯真对"Privateigentum"一词的翻译处理就能看出个体译者存在的局限。作为党的历史和理论研究专门机构,中央编译局组织大量人手先后参与到《宣言》的编译工作中,才能从根本上体会马克思、恩格斯"消灭私有制"的理念并作出正确的翻译选择。此外,基于翻译应从外语译入母语的原则,在外译汉时也可以通过中外译者合作的方式,将中方译者母语表达和外方译者对母语的理解优势充分结合。

翻译要考虑原文功能和目标群体。德国功能主义学派代表人物卡塔琳娜·赖斯(K. Reiß)在卡尔·布勒(K. Bühler)语言功能三分法的基础之上,将文本划分为三种类型:信息类

(informativ)、表情类(expressiv)和感染类(operativ)。《宣言》是对无产阶级和广大人民宣传共产主义思想,[①] 其属于赖斯理论中的第三种文本类型,翻译时应当侧重其感染作用,传达出原文对接受者的影响。无论是《宣言》的哪个译本,译者都在尊重原文基础上尽可能考虑语言的生动形象和表达的韵律节奏,以增强译本的可读性,使其更好地为受众所接受。陈望道将日译本中的"被雇职人"替换为"佣工"便是其中代表。在翻译时,译者应该充分考虑原文想要实现的功能及其目标群体,以确保功能对等(functional equivalence)。

三、结束语

无论是设想"人类解放"的马克思,还是以"为世界人民谋大同"为使命担当的中国共产党,实质上都在强调"人类命运共同体"这一理念。习近平总书记在庆祝中国共产党成立 100 周年大会上强调:以史为鉴、开创未来,必须不断推动构建人类命运共同体。构建人类命运共同体的前提和基础是对文化多样性的理解和尊重。文化与语言密切相关,文化多元性的显著表征是语言的多元性。[②] 这就为新时代译者的翻译工作提出了更高的要求。从嘉兴南湖上承载民族希望的一叶扁舟,到领航中国、影响世界的百年大党,中国共产党正带领中国一步步走向世界舞台中央。翻译工作者应当担负起时代赋予的重任,将个人发展与国家前

---

① 殷叙彝:《"扬弃"私有制还是"消灭"私有制——关于〈共产党宣言〉中一个重要译语的争论》,《探索与争鸣》2011 年第 4 期,第 30 页。

② 蒋洪新:《新时代翻译的挑战与使命》,《中国翻译》2018 年第 2 期,第 5 页。

途、世界大势结合起来，为"一带一路"国际合作事业和人类命运共同体的构建做好"传声筒"，确保翻译质量，服务国家战略，为实现美丽的中国梦、世界梦作出自己的贡献。

杨 峥①

"一带一路"倡议下语言服务助推中国软实力提升路径研究

内容介绍

〔摘 要〕随着改革开放的不断深化，我国适时提出了"一带一路"国际合作。借助"一带一路"平台，我国与沿线国家间的经贸往来、人文交流日益密切，但是在交流时仍存在不少语言和理解障碍。为了有效减少交流障碍、促进互联互通，必须充分发挥语言服务的作用。作为新兴产业，语言服务既具有巨大的发展潜力，也是我国软实力的一部分。因此，提升汉语语言服务能力既有助于让世界了解中国，也有助于与沿线国家实现互联互通，同时促进汉语推广和中国优秀传统文化"走出去"。

〔关键词〕"一带一路"倡议；语言服务；语言人才培养；汉语推广

---

① 杨峥，北京第二外国语学院高级翻译学院英语笔译专业硕士研究生。

20 13 年，习近平主席先后提出了共建"丝绸之路经济带"和"21 世纪海上丝绸之路"的构想（统称"一带一路"倡议）。经过 8 年多的努力，"一带一路"倡议的落实取得了丰硕成果。一方面，中国加强了同"一带一路"沿线国家间的互联互通，另一方面，一带一路"沿线国家也渴望更好地了解中国。截至 2021 年 6 月 23 日，中国已与 140 个国家和 32 个国际组织签署了 206 份"一带一路"国际合作文件。[①] 但是由于文化背景和语言不同，我国与"一带一路"沿线国家在交流时还存在不少沟通障碍。为了有效减少交流障碍，促进互联互通，语言服务顺势而兴。语言服务能力作为国家文化软实力的一部分，肩负着推动中国经济与文化走向世界、融入世界、影响世界的战略性使命和任务。[②]

一、语言服务概念

语言是交流的工具，服务是语言交际功能的基本属性。自 2008 年北京夏季奥运会成立"多语言服务中心联合工作组"以来，语言服务相关研究数量大幅增加。但是学界尚未对"语言服务"概念达成共识。屈哨兵[③] 从语言服务研究的学科属类出发，认为语言服务属于应用语言学，同时又与语用学关系密切。语言服务的范围既涉及语言教育、语言规划，也和广义的社会语言学及语

---

① 数据来源：中国一带一路网，https://www.yidaiyilu.gov.cn/xwzx/roll/77298.htm。

② 何恩培、闫栗丽：《改革开放 40 年语言服务行业发展与展望》，《中国翻译》2019 年第 1 期，第 130–135 页。

③ 屈哨兵：《语言服务研究论纲》，《江汉大学学报》（人文科学版）2007 年第 6 期，第 56–62 页。

言信息处理、计算语言学等有着天然的联系。袁军[1] 强调跨语言信息转换，他从翻译三要素出发对语言服务概念进行界定，认为"翻译"是以语言信息转换为内容的劳动过程。语言服务则是通过直接提供语言信息转换服务和产品，或提供语言信息转换所需的技术、工具、知识、技能，帮助人们解决语际信息、交流中出现的语言障碍的服务活动。李宇明[2] 认为语言服务是指利用语言（包括文字）、语言知识、语言技术及语言的所有衍生品来满足语言生活的各种需要。仲伟合和许勉君[3] 提出语言服务研究可以借鉴经济学的划分方法，将语言服务研究分为宏观语言服务研究和微观语言服务研究。宏观语言服务研究的对象是所有与语言相关的服务、产品和衍生品，而微观语言服务研究的对象是多语言转换及相关业务（即国际上通行的围绕翻译服务展开的语言服务）。综上所述，学界普遍认为翻译服务是语言服务的核心，但对语言服务的外延看法不一。本文倾向于从广义上定义语言服务，即语言服务是所有与语言相关的服务，包括翻译服务、语言培训、语言产品等各个方面。

二、"一带一路"沿线国家语言情况

"一带一路"沿线国家包括中国在内，共有 65 个国家。这些国家的"官方语言涉及面广，涵盖 9 个语系的不同语族和语

---

① 袁军：《语言服务的概念界定》，《中国翻译》2014 年第 1 期，第 18–22 页。

② 李宇明：《语言服务与语言产业》，《东方翻译》2016 年第 4 期，第 4–8 页。

③ 仲伟合、许勉君：《国内语言服务研究的现状、问题和未来》，《上海翻译》2016 年第 6 期，第 1–6 页、第 93 页。

支"①。根据《"一带一路"沿线国家语言国情手册》介绍,除中国外,"一带一路"沿线 64 个国家所使用的国语和官方语言共 78种。除同一种语言作为多个国家官方语言的情况外,实际使用56 种官方语言和通用语言,涉及汉藏、印欧、乌拉尔、阿尔泰、闪—含、高加索及达罗毗荼等主要语系。② 此外,许多国家还拥有繁多的民族语言,如菲律宾有 100 多种语言。"一带一路"沿线涵盖的亚欧非国家拥有不同的政治制度、文化习俗和宗教信仰。这些差异也"造成了语言背后的文化差异、社会风俗差异和价值观差异,增加了语言互通的难度"③。

"一带一路"沿线国家间的语言互通主要可以通过两方面实现:A. 掌握沿线国家的语言。根据《中国语言服务发展报告(2020)》,我国能够开设"一带一路"沿线国家 10 种及以上官方语言的高校仅有 11 所,大部分高校仅能够开设 3—5 种沿线国家语言。④ 虽然北京外国语大学以开设"一带一路"沿线国家官方50 种语言遥遥领先,但仍有 3 种官方语言(即宗卡语、黑山语和摩尔多瓦语)未能开设。同时,迪维希语、德顿语等官方语言仅在北京外国语大学开设,且语言教学资源分配不均。与此同时,掌握一门语言、培养语言人才都需要一定时间;在"一带一路"国际合作飞速发展的今天,单靠学习沿线国家的语言促进互联互通成效缓慢。B. 共同掌握一种通用语。虽然大部分国家都能使

---

① 王辉、王亚蓝:《"一带一路"沿线国家语言状况》,《语言战略研究》2016 年第 2 期,第 13—19 页。

② 杨亦鸣、赵晓群:《"一带一路"沿线国家语言国情手册》,商务印书馆,2016,第 1 页。

③ 周健美:《"一带一路"倡议背景下机器翻译和人工翻译的发展与未来》,《经济师》2020 年第 11 期,第 232—233 页。

④ 屈哨兵:《2020 中国语言服务发展报告》,商务印书馆,2020,第 312 页。

用或者理解英语、阿拉伯语、俄语等通用语，但是由于各国使用通用语的语言能力和语言水平不一，在交流过程中仍然容易产生歧义，造成误解。中国是"一带一路"国际合作的倡议国、发起者，在"一带一路"投资项目和基础设施建设项目中发挥主导性作用。许多重要政策、文件、项目材料和领导人讲话都是以中文作为源语言再由译员进行多语种翻译的。"一带一路"沿线国家如果能够掌握汉语，可以大大提升沟通效率，促进经贸合作。与此同时，汉语作为联合国的正式工作语言之一以及世界上使用人数最多的语言，在"一带一路"沿线国家进行推广具有一定的先天优势。综合时间成本和经济效益，两种途径并行是促进语言互通的上乘之策。

三、"一带一路"倡议下语言服务需求

1. 语言服务的人才需求

人才是国家和行业发展的重要力量。"一带一路"倡议中的语言服务人才分为四类：熟练掌握"一带一路"沿线国家各种语言的国内人才、熟练掌握汉语的国外语言服务人才、翻译人才以及真正传播汉语并推动中国文化"走出去"的对外汉语教学人才。中国多年来一直重视加强英语教育，但对于其他非通用语、小语种重视程度欠缺，导致非通用语人才紧俏。"一带一路"国际合作涉及一系列不同领域的项目合作。这要求语言人才需具备除语言能力之外的其他专长（如投资、科技等领域的专业能力、跨文化交流能力、沟通协调能力、较强的适应能力等）。外国语言服务行业较中国起步早，行业发展较为完备。既懂中文又懂语言服务的国外人才不仅可以在促进"一带一路"沿线国家互联互通上发

挥作用，同时还可以为我国语言服务行业的发展提供一些建设性意见和可供参考的经验。但是，如何引进这类人才，平衡国内人才和国外人才的任用仍是一个亟待解决的问题。随着我国对外交流活动的发展，"走出去"和"引进来"的相关翻译需求飞速增长，翻译人才需求也随之增长。另外，目前真正能够传播汉语并展示中国文化魅力的对外汉语教师需求缺口仍然较大。不少对外汉语教师是以志愿者的身份参与外派的。他们的服务期通常比较短暂，人员流动性较大。他们对汉语的精髓及其所蕴含的中国文化魅力的转播还很有限，大多仍停留在打一打太极拳、写一写书法等表面。

2. 语言服务的产业发展需求

语言服务产业是指以语言服务作为生产和经营手段的一系列经济活动的集合，其产业链条中的核心元素就是语言。[①] 在人类社会生活中，人们只有借助语言和非语言符号才能交往和沟通。[②] 可以说，任何社会实践活动都离不开语言，语言服务涉及社会实践的方方面面。语言服务在促进各行各业发展的同时，其自身也具有巨大的发展潜力。在"一带一路"国际合作背景下，包括语言文字信息处理软件在内的相关语言产业逐渐形成；语言艺术产品作为消费品给予人们精神享受；利用语言资源开发出的各具特色语言节目市场前景广阔。[③] 语言产品是以语言为核心要素或主导要素的产品形态（即这种产品以提供某种语言服务或满

---

① 屈哨兵主编《语言服务引论》，商务印书馆，2016，第 111 页。
② 孙英春：《跨文化传播学》，北京大学出版社，2015，第 45 页。
③ 安庆、邓建华：《"一带一路"背景下基于 SCP 范式的中国语言服务产业分析》，《湖北经济学院学报》（人文社会科学版）2018 年第 4 期，第 28~30 页。

足某种语言需求为目标）。① "一带一路"沿线国家在共商共建共享过程中，人员大规模频繁流动。许多沿线国家的留学生来到中国继续学习，许多外国工人来华务工参与中国的工程建设，不少外国友人来华旅行。通过提供创新型的语言服务产品和语言服务形式为这些人员在中国的生活提供便利，可以使他们深刻地体会到人类命运共同体的理念，感受到中国政府和中国人民的好客之道，提升他们对"一带一路"倡议的了解和认可。在新冠肺炎疫情常态化背景下，加快推出应急语言服务相关产品，可有效推动应急语言服务新业态的发展，平衡好"一带一路"倡议发展与疫情防控之间的关系，助推"健康丝绸之路"的发展。

3. 提升中国国际话语权的需求

近年来，随着美国经济实力的下滑，面对中国的崛起，从奥巴马任职期间的"重返亚太战略"到特朗普执政时期挑战的"中美贸易战"再到拜登总统视中国为"战略竞争对手"，中美博弈已是新常态。面对新冠肺炎这一"黑天鹅事件"，以美国为首的西方国家更是反复在疫苗源头问题上做文章，不断编造各种谣言对中国进行打压。由于以美国为首的西方国家发展起步早且在国际话语权体系中的强势地位，中国的国际传播常常陷于"有理讲不出，讲了没人听"的尴尬境地。中国必须更好地提升自己的国际话语权。这不仅有助于减少国际社会对中国发展的某些误解，而且可以为中国现代化的发展模式争取更多的国际理解和认同，并为世界发展和全球治理贡献"中国方案"。从本质上讲，"一带

---

① 陈鹏:《语言产业的基本概念及要素分析》,《语言文字应用》2012 年第 3 期, 第16–24 页。

一路"国际合作是为世界发展和全球治理打造的新平台，是推动构建人类命运共同体的新实践。①

四、提升语言服务能力的途径

"一带一路"倡议的全面落实带来了各种各样的语言服务需求，但我国目前的语言服务能力尚不匹配，"普遍的语言服务意识还没有形成，语言服务体系尚未建立，国家和社会语言服务能力比较薄弱"②。事实上提升我国的语言服务能力可从以下方面着手。

1. 制定语言服务规划

语言规划是"政府或社会团体为了解决语言在社会交际中出现的问题，有目的、有计划、有组织地对语言文字及其使用进行干预与管理，使语言文字更好地为社会服务。③ 提升我国的语言服务水平离不开政府的领导。有了政府的支持和管理，语言服务产业能够实现快速良性发展。目前，我国尚未制定统一的语言服务规划和语言服务标准，导致语言服务业门槛低，语言服务水平没有统一的评价标准。政府应综合"一带一路"发展规划和沿线国家的语言情况，抓大放小制定合理的语言服务规划。例如，在通用语推广上，英语在东南亚国家使用范围广，是政府工作的官

---

① 张佳梅、罗建波：《"一带一路"与中国国际话语权建设》，《中国领导科学》2020年第4期，第51-56页。
② 赵世举：《"一带一路"建设的语言需求及服务对策》，《云南师范大学学报》（哲学社会科学版）2015年第4期，第36-42页。
③ 陈章太：《语言规划研究》，商务印书馆，2005，第2页。

方语言。"沿线国家使用俄语、印地语、孟加拉语、阿拉伯语等语种的人口均超过了一个亿"[①]。我国在制订语言服务计划时可以先在这些不排斥外来语的国家进行汉语推广。与此同时,语言服务能力建设既涉及国家层面的经贸往来,也涉及民间交流。因此,语言服务规划的设定必须统筹兼顾。语言服务规划的制定还需结合当地的项目发展需求,惠及当地人民。以高铁为例,铁路外沿线30米之内为铁路建设永久性用地,土地不可能返还,建设期间还要征用施工用地。尽管所有工程的实施必然是经所在国与当地政府签约同意和大力支持的,但由于各方力量和利益之间的博弈,拆迁工作还是一场艰巨的任务。如果宣传不到位,即使很好的政策仍有可能造成当地老百姓的怨恨。[②] 当然,宣传工作中最能发挥作用的就是语言。通过制订合理的语言服务规划,用当地百姓能理解的方式解答他们的问题和疑惑必定能使"一带一路"国际合作及其发展成果更加深入人心。

2. 加快培养语言服务人才

人才是"一带一路"倡议推进的重要智力支持。要提高语言服务能力,最根本的是培养语言服务人才,尤其是培养既懂语言又懂技术、销售等相关知识的高层次、应用型、复合型语言服务人才。[③] 目前,我国语言服务人才培训体系比较单一且多以翻译教学为核心内容。学生实践机会少,虽然学了外语,但没有机会

---

① 周庆生:《"一带一路"与语言沟通》,《新疆师范大学学报》(哲学社会科学版)2018年第2期,第52-59页、第2页。

② 杨亦鸣、赵晓群:《"一带一路"沿线国家语言国情手册》,商务印书馆,2016,第2页。

③ 穆雷、李希希:《"一带一路"战略下的语言服务研究》,《亚太跨学科翻译研究》2017年第1期,第152-161页。

用或者用得不地道都会影响我国与"一带一路"沿线国家间的交流与合作。此外，针对语言服务的有关本土化、技术写作、项目管理等方面的教学和培训非常少。单靠各高校培养语言服务人才和翻译人才耗时久，校企合作的覆盖范围也很有限，学生无法进入真实的职场环境并达到语言服务的实际目标。与此同时，"一带一路"国际合作相关文件的翻译涉及很多最新政策和前沿资讯，学生平时不太能够接触到这方面的内容。为此，建议政府有关部门根据"一带一路"国际合作需求，预先与大学合作定向培养专业翻译人才。除此之外，各高校还可以加强"复语人才"培养（如北京第二外国语学院从 2013 年开始组建以培养拔尖翻译人才为目标、以中英 + 小语种（西班牙语、法语）复语方向为特色的校级翻译人才实验班。虑及"一带一路"沿线国家以非通用语为主，在今后语言教育中，建议引入短期培训和语言服务培训机制，加强对非通用语人才的培养。在此基础上，通过扩大学生的国际视野以及提升他们的语言服务与跨文化交际技能，让一批批心系祖国放眼国际的语言服务人才帮助我国与"一带一路"沿线国家实现共同发展。

3. 完善翻译服务体系

已故翻译泰斗许渊冲先生说过："中国文化走出去的难点在翻译，翻译是人文的交流。"在"一带一路"国际合作的推进过程中，中国希望沿线国家了解"中国政策""中国理念""中国道路""中国方案"，世界也渴望听见"中国声音""中国故事"。翻译是联通中国与世界交流的桥梁。"一带一路"沿线民族多、文化多、宗教多，语言情况复杂。为了实现与沿线国家的互联互通，我们需要将人工翻译与本土化需求相结合。"本土化是融合信息技术、翻译技术、项目管理技术与市场营销技术的现代语言服务。具体而言，它是以翻译服务为基础，对全球设计和营销的产品或服务进行语言、技术和文化的适应性修改，以满足发起人和目标区域用户在语言和社会文化语境等方面要求的服务"①，为"一带一路"沿线国家和人民提供更符合其文化语境、便于理解的翻译。同时，随着人工智能技术与大数据的飞速发展，人工翻译与机器翻译相结合也是大势所趋。由于"一带一路"国际合作中的中译外需求量很大，国家外事部门、翻译组织、翻译企业可先根据"一带一路"国际合作中常用词汇和常见内容建立一个多语语料库，由机器翻译根据语料库进行初译，再由人工翻译对初稿进行修改和润色。对于产品使用说明书这类信息同质化高、翻译准确度要求不高的文本，可在机器上先做出一个模版，再根据实际情况进行调整。与此同时，科技公司应加快研发可随身携带的高质量多语翻译器，为"一带一路"沿线国家人员出行旅游、民间交流提供便利。

4. 创新语言资源开发

语言服务的开展与语言资源的开发不可分离。语言服务是对各语言要素资源的开发和利用，由此带来了语言服务的多样化；多样化的语言服务也进一步促进了语言资源的全面开发。② 语言资源具有信息、文化、经济和政治等价值。③ 通过创新语言资源

---

① 崔启亮：《语言服务行业的本地化专业建设》，《北京第二外国语学院学报》2021年第1期，第12–24页。

② 李现乐：《语言资源和语言问题视角下的语言服务研究》，《云南师范大学学报》（哲学社会科学版）2010年第5期，第16–21页。

③ 范俊军、肖自辉：《语言资源论纲》，《南京社会科学》2008年第4期，第128–132页。

开发，可有效提升世界各国人民对"一带一路"沿线国家文化的关注度，进而创造语言资源和语言服务红利。中国是一个拥有五千年文明史的古国，文化底蕴深厚。中国典籍和京剧、剪纸、川剧变脸等传统技艺引人入胜。考虑到大多数外国人对中国文化的了解都比较肤浅且容易受西方大国的操纵，甚至轻信西方"国强必霸论"的鼓惑，或把"一带一路"倡议视为"当代的马歇尔计划"，因此，创新语言资源可以丰富中国优秀传统文化和当代文化的表现形式，促进文化交流和文明互鉴，让世界了解一个真实立体的中国。以品牌命名为例，"在候选名称的创造过程中，需要运用词源学、形态学、构词法知识产生出尽可能多的候选名称。众多候选名称被设计出来之后，下一步是对这些原始材料进行语言特征分析检测（包括语音分析、语义分析），删除不合格的名称，确保最终品牌名称能够适应多语言文化环境下的传播"①。这种基于多语言的品牌命名过程有助于使多个语言要素资源得到积极利用和开发，并帮助品牌在多语言环境中获得认可，进而实现品牌效应最大化。

5. 加强汉语与中华文化"走出去"的推广力度

语言与文化密切相关，汉语是中国文化的一种表现方式。用沿线国家听得懂、听得进的语言发声，使其理解"一带一路"共商、共建、共享的建设原则以及和平合作、开放包容、互学互鉴、互利共赢的"丝绸之路精神"，有助于消除他们对中国外交方针政策的疑虑，使"一带一路"国际合作朋友圈越来越大，推

---

① 贺川生:《美国语言新产业调查报告：品牌命名》,《当代语言学》2003 年第 1 期,第 41–53 页、第 94 页。

动"一带一路"共建事业走远、走稳、走顺。[①] 随着全球范围内孔子学院和孔子课堂的纷纷设立，汉语在国外的推广取得了较大的进展。考虑到"外国人学汉语的根本目的是了解和学习中国文化"，[②] 因此，汉语国际推广的中心工作应是以汉语为载体和媒介，把汉语和中华文化一起推介给全世界。[③] 比如，孔子学院在讲授汉语时推广的太极拳融合了中国传统儒学、道教文化中的太极、阴阳辩证理念，是国家级非物质文化遗产。随着中国国际地位的提高，海外接受汉语学习的学生渐渐低龄化。考虑到儿童汉语教学方法不同于成年人，对外汉语教师需适时结合儿童的心理和学习情况调整教学方案以增强外国儿童对中国文化的兴趣和喜爱。鉴于当今信息传播方式日益多元，汉语和中华文化的海外传播除了派出对外汉语教师志愿者，我们还可以利用计算机技术，开发线上汉语教学资源。与此同时，为了有效预防"文化殖民"负面舆论造成"一带一路"沿线国家的不满和抵制，建议调动民间力量在宣传和推广汉语上发挥更大的作用。目前，有不少私立对外汉语教学或培训机构针对海外市场开展了卓有成效的汉语与中华文化推广工作。其中，李子柒等人拍摄的中国田园文化和民间传统技艺视频在海外社交媒体走红即是用人们喜闻乐见的方式传播中华文化的经典案例之一。

---

① 梁昊光、张耀军：《"一带一路"的语言战略》，《商业观察》2018 年第 8 期，第74–81 页。

② 许嘉璐、石锓：《关于汉语国际教育热点问题的访谈》，《湖北大学学报》（哲学社会科学版）2011 年第 4 期，第 18–20 页。

③ 朱瑞平：《汉语国际推广中的文化问题》，《语言文字应用》2006 年第 1 期，第 111–116 页。

五、结束语

提升语言服务能力是国家"软实力"和国家安全能力建设的重要内容。它直接影响到我国经济全球化进程，关系到我国国际话语权、文化传播力以及参与全球治理的能力建设问题。[①] 通过制定有效的语言服务规划、培养语言服务人才、完善翻译服务、创新语言资源开发、加强汉语推广等举措，无疑可更有效提升我国的语言服务软实力，助推汉语海外传播和中华文化"走出去"，使"一带一路"国际合作事业行稳致远。

[①] 王宗华:《"一带一路"背景下"走出去"企业语言服务能力建设研究》,《安徽理工大学学报》(社会科学版) 2020 年第 6 期, 第 54–58 页。

第三部分

体育交流篇

陈秉信 [①]

"一带一路"视域下上海合作组织体育交流初探

内容介绍

〔摘　要〕上海合作组织是当今世界非常活跃的区域性多边合作机构之一。虽然其在交流合作、机制构建等方面比"一带一路"国际合作倡议更为成熟，但由于二者在合作宗旨、内容、目的等方面存在高度契合，"一带一路"沿线国家的体育交流似可充分依托上海合作组织的合作框架更广泛地开展工作。

　　本文主要以文献分析法，基于对上海合作组织国家体育发展现状的分析，提出了通过主办上海合作组织体育部长会议及开展重大体育赛事活动，带动"一带一路"倡议下体育交流的建议。

〔关键词〕上海合作组织；"一带一路"；体育交流；体育赛事

① 陈秉信，男，首都体育学院硕士研究生，研究方向为体育赛事管理与营销。

上海合作组织（简称：上合组织）是中国、哈萨克斯坦、吉尔吉斯斯坦、俄罗斯、塔吉克斯坦、乌兹别克斯坦六国发起成立的政府间国际组织。随后，伊朗、印度、巴基斯坦的先后加入，该机构目前已成为人口最多、地域最广、潜力巨大的跨区域多边综合性组织，为维护地区安全稳定、促进共同发展繁荣作出了重要贡献。"一带一路"是"丝绸之路经济带"和"21世纪海上丝绸之路"的统称，是由中国发起的区域性合作倡议。该倡议旨在依托古代丝绸之路这一历史载体，与沿线国家共同建设区域性合作平台，共筑人类命运共同体。

一、"一带一路"倡议与上海合作组织的关系

上合组织的前身是上海五国会晤机制，其创始于1996年。随着2001年乌兹别克斯坦的加入以及《上海合作组织成立宣言》的发表，上合组织得以正式成立。"一带一路"国际合作源自2013年中国国家主席习近平先后访问哈萨克斯坦和印度尼西亚时分别提出的共建"丝绸之路经济带"和"21世纪海上丝绸之路"倡议。继2015年中国政府有关《推动共建丝绸之路经济带和21世纪海上丝绸之路的愿景与行动》文件的颁布，"一带一路"倡议开始步入实施阶段，相关沿线国家的具体合作交流工作逐步展开。

在宗旨和内涵上，"一带一路"倡议的"丝路精神"与上合组织的"上海精神"高度契合。其中，"丝路精神"为"团结互信、平等互利、包容互鉴、合作共赢，不同种族、不同信仰、不同文化背景的国家可以共享和平，共同发展"；"上海精神"为"互信、互利、平等、协商、尊重多样文明、谋求共同发展"。

在成员国方面，上合组织成员国与"一带一路"沿线国家基本重合。在"一带一路"65 个沿线国家中，俄罗斯、伊朗、印度、巴基斯坦以及来自中亚地区的哈萨克斯坦、吉尔吉斯斯坦、塔吉克斯坦、乌兹别克斯坦都是上合组织的正式成员国，同时阿富汗、白俄罗斯、蒙古为观察员国，阿塞拜疆、亚美尼亚、柬埔寨、尼泊尔、土耳其、斯里兰卡为对话伙伴国。

总之，"一带一路"国际合作机制与上合组织都是当今中国积极参与和推动的重要多边合作框架。值得一提的是，上合组织与共建"一带一路"的宗旨、原则和目标以及合作内容高度吻合。[①] 其中，成立时间更久的上合组织更能为"一带一路"国际合作提供有利的建设框架、贸易体系、法律基础和丰富的合作经验。[②] 其不仅可以弥补"一带一路"倡议在地区安全领域的不足，而且可以为"一带一路"人文交流宽度和深度的拓展提供不可替代的[③] 重要依托和平台。

二、上海合作组织国家的体育发展现状分析

1. 上海合作组织体育交流对"一带一路"倡议的助推作用

"一带一路"倡议下人文交流是实现各国民心相通的主要途径，其中体育交流合作有利于促进各国之间的文化互通，进而为其他合作奠定基础。这不仅是人文交流的重要组成部分，而且是

---

① 李新:《上海合作组织：共建丝绸之路经济带的重要平台》,《俄罗斯学刊》2016 年第 2 期，第 29–37 页。

② 卢山冰、易著、平非:《上海合作组织有效助力"一带一路"倡议的思考》,《金融经济》2018 年第 2 期，第 3–5 页。

③ 李自国:《"一带一路"与上合组织关系探究》,《俄罗斯学刊》2019 年第 5 期，第 85–99 页。

实现务实合作的重要环节。[①] 目前，中国政府已发布了《"一带一路"体育旅游发展行动方案（2017—2020年）》等政策文件，相关"一带一路"主题体育赛事也相继举办。这标志着"一带一路"体育交流合作已开始实施。

在上海合作组织合作框架下，各国间合作内容已在地区安全领域合作基础上，逐渐拓展到经济、能源和文化等其他领域。[②] 目前，各成员国之间的人文交流正在蓬勃开展，已启动了文化、科技、教育、卫生、旅游等部长级会议，签署了《上海合作组织成员国政府间文化合作协定》《上海合作组织成员国旅游合作发展纲要》等合作文件，举办了文化节、艺术展、青年节、电视合作论坛、文化研修班等交流活动。然而，相比于其他领域，上合组织在体育方面的交流合作相对较少，尚未形成相应的交流合作机制。

上海合作组织是"一带一路"倡议最为重要的机制依托。开展上合组织国家的体育交流将发挥"以点带面"的功效，在促进上合组织人文领域交流合作的同时，更能对实现"一带一路"民心相通产生积极影响。

2. 上海合作组织国家人文交流现状

近年来，上海合作组织各国在体育方面的交流尚在起步阶段，相关体育交流可从其他人文领域的交流机制找到方向。

---

① 梁昊光、李英杰、宋佳芸、朱英英：《"一带一路"建设中的体育交流与合作研究》，《首都体育学院学报》2019年第3期，第195–200页。

② 冯峥、薛理泰：《逆向"外溢"：上海合作组织的安全合作与扩散》，《西安交通大学学报》（社科版）2019年第2期，第142–148页。

表1　上海合作组织国家其他人文交流机制

序号	活动名称	主题
1	上海合作组织峰会	加强地区安全与信任，探讨国家间各领域互利合作。
2	上海合作组织部长会议	加强各国之间文化、科技、教育、卫生、旅游等领域的交流合作。
3	上海合作组织媒体论坛	以媒体资源合作共赢，打造上合组织国家媒体合作统一平台。
4	上海合作组织青年交流营	加深青年间相互理解和情感联系，树立"一带一路"理念和命运共同体意识，推动上海合作组织国家关系向前发展。
5	上海合作组织大学	为各成员国培养优先合作领域的高水平人才。

注：基于互联网搜集数据整理。

表2　2019年上海合作组织开展的主题体育赛事统计表

赛事名称	参与国家	时间	地点
上海合作组织伊塞克湖马拉松赛	中国、吉尔吉斯斯坦等25国。	5月11日	吉尔吉斯斯坦
上海合作组织国际武术散打争霸赛	中国、俄罗斯、哈萨克斯坦、吉尔吉斯斯坦、塔吉克斯坦、乌兹别克斯坦、巴基斯坦、印度。	9月5日至9月7日	中国四川
上海合作组织国际象棋团体赛	中国、吉尔吉斯斯坦、俄罗斯、塔吉克斯坦、乌兹别克斯坦、巴基斯坦、印度、白俄罗斯、伊朗。	9月15日至9月22日	中国山东
上海合作组织国际象棋公开赛	中国、俄罗斯、哈萨克斯坦、吉尔吉斯斯坦、塔吉克斯坦、乌兹别克斯坦、巴基斯坦、印度、伊朗、蒙古。	9月18日至9月27日	中国河北
上海合作组织昆明国际马拉松赛	中国、俄罗斯、哈萨克斯坦、吉尔吉斯斯坦、塔吉克斯坦、乌兹别克斯坦、巴基斯坦、印度。	12月1日	中国云南

注：基于互联网搜集数据整理。

（1）上海合作组织国家体育赛事情况

体育赛事是体育的重要载体，它对国家、社会及参与者而言，都是一次富有特殊意义的历史性事件；它可以形成人口流动、信息交流、文化传播的共同效应，创造社会和经济效益。[①]

表2为经过互联网搜索并整理得到的2019年举办的上合组织体育赛事（即以上合组织为主题，由上合组织国家参与的体育赛事）。共搜索到了5项上合组织体育赛事（4项在中国各有关省份分别举办，1项在国外举办。其中，马拉松赛事举办2项、国际象棋赛事2项、武术赛事1项）。

上合组织国际武术散打争霸赛于2019年9月5日至7日在中国四川阆中市举行，来自8个上合组织国家的参赛运动员参加了男子7个级别的比赛。2019年上合组织国际武术散打争霸已是该赛事的第二次举办。这不仅为上合组织国家提供了"以武会友"的机会，而且增进了体育文化交流，并将武术散打项目推广至包括上合组织成员国在内的世界各国。

2019年上合组织国际象棋团体赛于9月15日在中国山东胶州举行，共有9个上合组织国家的10支队伍、30名选手参赛。同为国际象棋项目，2019年第二届上合组织国际象棋国际公开赛于9月18日在中国河北邢台沙河市举行，比赛历时9天，执行国际棋联最新规则，比赛计算国际等级分，10个上合组织国家的55名选手进行了9轮共计495场对弈。

上合组织马拉松系列赛从2016年起已连续举办3年，且被列为上合组织国家人文交流的重点项目，旨在推动上合组织各成

---

① 王静：《体育促进中国文化对外传播的研究》，《体育文化导刊》2012年第10期，第19页。

员加深友谊，并开展体育文化交流合作，是联结各成员国的友好桥梁，受到上合组织国家的高度肯定与热情支持。

其中，上合组织昆明马拉松是上合组织发起的第一次马拉松赛事，以纪念上合组织成立 15 周年。目前该赛事已在昆明连续举办 3 届，累计参赛人数达到 5.2 万人次，参与者人数超过 10 万人次，已成为推动多国文化交流合作、发展当地健康产业的重点活动。上合组织昆明马拉松从国家田协的铜牌赛事跃升为金牌赛事，同时已在 2019 年被国际田联认定为国际田联路跑标牌赛事，荣获国际田联铜标赛事称号。可以说，上合组织昆明马拉松赛是上合组织体育赛事中发展较好、具有一定规模和影响力的体育赛事。此外，继 2017 年上合亚信阿斯塔纳马拉松赛在塔吉克斯坦举办之后，2019 年上合组织伊塞克湖马拉松赛于 5 月 11 日在吉尔吉斯斯坦举行。此赛共有来自 27 个国家和地区的 3000 余人参加，比赛设置全程、半程、10 公里和 3 公里等马拉松比赛项目。

关于体育赛事活动，上合组织国家参与的运动项目集中在武术、象棋和马拉松赛上。这些赛事的举办由于其成本相对较低，可以有效避免过度商业化和过高的赛事投入，同时又使体育文化交流更加纯粹。目前，上合组织的体育赛事不仅获得了国际认定，而且具有一定品牌效应，赛事在走向国际舞台的同时也为上合组织国家间的体育文化交流提供了高质量的平台。

（2）上合组织国家奥运会参与情况

奥运会是世界范围内首屈一指的体育盛会。选手们在奥运会上的表现在一定程度上可以衡量相关国家的体育水平。本文通过互联网搜索并整理了上合组织国家参与 2016 年里约热内卢奥运会的情况，统计出了各个国家的奖牌总数。

表3   上海合作组织国家2016年里约奥运会奖牌统计表

序号	国家	金牌	银牌	铜牌	总数	总排名	备注
1	中国	26	18	26	70	3	成员国
2	俄罗斯	19	18	19	56	4	成员国
3	乌兹别克斯坦	4	2	7	13	21	成员国
4	哈萨克斯坦	3	5	9	17	22	成员国
5	伊朗	3	1	4	8	25	观察员国
6	阿塞拜疆	1	7	10	18	39	对话伙伴国
7	白俄罗斯	1	4	4	9	40	观察员国
8	土耳其	1	3	4	8	41	对话伙伴国
9	亚美尼亚	1	3	0	4	42	对话伙伴国
10	塔吉克斯坦	1	0	0	1	54	成员国
11	蒙古	0	1	1	2	67	观察员国
12	印度	0	1	1	2	67	成员国
13	巴基斯坦	0	0	0	0		成员国
14	吉尔吉斯斯坦	0	0	0	0		成员国
15	阿富汗	0	0	0	0		观察员国
16	尼泊尔	0	0	0	0		对话伙伴国
17	柬埔寨	0	0	0	0		对话伙伴国
18	斯里兰卡	0	0	0	0		对话伙伴国
	合计	60	63	85	208		

注：基于互联网搜集数据整理。

表3为2016年里约热内卢奥运会中上合组织国家的奖牌统计表。该次奥运会共有207个参赛国家和地区，共设奖牌974块。参与里约奥运会的上合组织成员国、观察员国和对话伙伴国共有18个。其中获得奖牌的国家有12个，有6个国家参与了但没有获得奖牌。在获得奖牌的国家中，共获得奖牌208块，其中金牌60块、银牌63块、铜牌85块。

聚焦于各个国家，中国和俄罗斯的奖牌总数分别是70块和

56 块，分别获得了 26 块和 19 块金牌，在所有参赛国家和地区中排名第 2 和第 4。乌兹别克斯坦、哈萨克斯坦和伊朗各获得 3 块以上金牌，总排名均在 20 多名。有 5 个国家获得 1 块金牌。此外，阿塞拜疆的银牌和铜牌数量较多，共获得 18 块奖牌；白俄罗斯和土耳其也分别获得 9 块和 8 块奖牌；蒙古和印度分别获银牌铜牌各 1 块（共 2 块奖牌）；其他参赛国家没有获得奖牌。

整体来看，在所有参赛国家和地区中，上合组织国家占比大约是 8%，获得的奖牌数大约是总奖牌数的 1/5。从各国所获奖牌榜总数来看，上合组织国家在里约热内卢奥运会的表现可分为 3 个梯队：中国和俄罗斯获得较多的金牌，总奖牌数也排名前列，处在第一梯队位置；乌兹别克斯坦、哈萨克斯坦、伊朗等国获得了一定数量的奖牌，同时也斩获相应金牌，处于第二梯队位置；蒙古和印度获得的奖牌较少，其他一些国家虽也参与了奥运会但没有获得奖牌，处于第三梯队。

三、上海合作组织国家体育交流展望

1. 将重点赛事打造为体育交流的主要阵地

鉴于目前上合组织体育赛事的体育项目集中在武术、国际象棋和马拉松赛上，接下来相应的体育活动应围绕这些赛事拓展活动范围。例如，可以这些重点赛事作为各国家体育交流的主要阵地，并逐步向其他适合上合组织国家的体育项目延展，以此拓宽各国之间体育交流的大门。

2. 进一步培育上海合作组织体育赛事品牌

在举办的上合组织体育赛事中，马拉松赛事是其中最为瞩目的。通过近几年赛事活动的举办，上合组织马拉松系列赛逐步扩大了规模和影响力，并且形成了相应的赛事品牌。该赛事的持续举办不仅有助于提升赛事本身的国际影响力，而且可为上合组织国家提供更加优质的体育交流平台。

3. 启动上海合作组织体育会晤机制

随着国际合作的深化，各个多边国际组织将会越来越重视推动体育活动、体育产业、体育文化的交流，并以此来扩展和加强各国家间的民间往来。[①] 上合组织作为较为活跃的多边合作组织，应在人文领域的部长会议机制基础上推动成员国体育部门各相关层级负责人定期会晤机制的建立，以进一步增进各成员国在体育方面的相互理解并探讨在体育方面的其他合作机会。

4. 构建上海合作组织国家体育交流的长效机制

长效机制是指可以持久保持某一制度体系或多个制度体系的常态化运行，发挥预期功效和作用并取得成效的制度体系。[②] 目前，上合组织一定程度上已经建立起了包括每年国家元首会议、各部长会议等在内的长效机制。当前，随着上合组织成员国间体育交流活动的持续举行，构建上合组织成员国体育交流的长效机制正当其时。随着这一机制的建立，上合组织的人文交流将更加充满活力。

---

① 孙壮志:《"一带一路"背景下拓展国际体育合作的新路》,《体育科学》2018 年第 9 期, 第 15–20 页。

② 周立余:《北京市海淀区小学课后体育活动开展的长效机制构建设想》,《北京体育大学学报》2018 年。

5. 带动"一带一路"沿线国家之间的体育交流

鉴于上合组织成员国基本上都是"一带一路"沿线国家，在这些国家持续深入地开展体育交流合作将对"一带一路"沿线国家的体育交流发挥"以点带面"、润物细无声的示范功效。

马家鑫　王子朴①

"一带一路"视域下现有体育交流机制升级研究

内容介绍

〔摘　要〕"一带一路"视域下，中国与各有关沿线国家的体育交流总体上存在区域间不平衡、政府与民间主导不平衡以及依附政府间双边合作和缺乏多边合作机制等特征，建议构建多边体育合作机制，发挥非政府组织在体育合作中的作用并强化"一带一路"体育概念。总的来说，中国同东盟、俄罗斯的体育交流机制相对完善；同中东欧国家体育合作的互补优势强，但未得到充分开发；同中亚、西亚、南亚地区的体育交流还停留在较为初级阶段。

〔关键词〕体育交流机制；"一带一路"体育；双多边体育交流合作

①　马家鑫，首都体育学院硕士研究生。王子朴，首都体育学院硕士研究生。

当前,"一带一路"国际合作中多边体育交流机制尚未建立。中国与"一带一路"沿线国家之间体育交流的频率、规模及深度与广度迥异。若以地缘划分,这些交流活动大致可分为 6 个方向:中国—东盟、中国—中东欧、中国—中亚、中国—南亚、中国—西亚、中国—俄罗斯。其中,中国同东盟、俄罗斯的体育交流较为成熟,交流机制相对完善;同中东欧国家体育合作的互补优势强,但未得到充分开发;同中亚、西亚、南亚地区的交流停留在初级阶段。

一、"一带一路"国际合作框架下体育交流机制梳理

1. 中国—东盟

东盟所代表的东南亚是"一带一路"倡议的重要地区。东盟国家同中国的关系具有深厚的历史渊源。双方地理上的毗邻性、文化上的共通性、人种上的相似性是彼此开展深入交流合作的天然优势。正是由于中国与东盟对这些优势的有效利用,双方体育交流已达到较为成熟水平。

总体来看,中国与东盟体育交流的重点领域包括共同举办体育赛事,开展民族传统体育交流活动以及建设体育活动基地等。在体育赛事领域,得益于中国政府的大力支持先后连续举办了多届、具有一定知名度和影响力的赛事品牌。比如已开办 14 届"中国—东盟棋牌国际邀请赛"、14 届"中国—东盟(南宁)国际龙舟邀请赛"、13 届"中国—东盟国际汽车拉力赛"、5 届"中国—东盟武术节"等。此外,"中国—东盟国际马拉松赛""'一带一路'中国—东盟拳王赛""中国—东盟健身气功交流大赛"等活动发展势头良好。目前,中国与东盟合办的系列赛还包含足球、

羽毛球、自行车、卡丁车以及体育舞蹈、户外漂流、水上摩托等单项运动。

除了以上各方面，中国与东盟的体育交流还涵盖了体育合作共同体的构建。在我国政策和资金的大力扶持以及高校智库的支持之下，广西南宁多所高校相继建成了中国—东盟体育人才培训基地、中国—东盟体育信息中心、中国—东盟体育交流合作中心、中国—东盟民族体育研究中心、中国—东盟文化交流与发展协同创新中心。这些平台的搭建布局长远，为中国—东盟未来的体育交流储备了大量的体育高端人才。

2. 中国—俄罗斯

中俄间体育交流合作带有强烈的政府主导色彩，政府意愿在双方的体育合作中发挥了巨大的推动作用。近年来，随着中俄"新时代全面战略协作伙伴关系"的确立，两国体育合作也日益全面深入。据统计，1992—2013年的33个两国关系文件中，除部分涉及特殊领域文件，其他关于两国关系的文件都有体育、人文交流合作的文字表述。[①] 为了进一步加深人文交流，两国还成立了中俄人文合作委员会。该组织下设体育合作分委会且两国轮流每年举行一次有关体育合作的高层会议。该会除就两国体育合作现状与前景交换意见，还就未来合作方向与工作内容确定行动计划。在会议之外，中俄体育高层也频繁互访，深入实地考察与指导各项工作的落实情况。尤其是2008年俄罗斯总统普京出席北京奥运会开幕式与2014年习近平主席出席索契冬奥会开幕式，中俄前所未有的元首体育外交不仅向世人展示了两国的友好关

---

① 韩小兰：《中俄体育交流研究》，《体育文化导刊》2014年第8期，第12–15页。

系，而且体现了两国领导人对双边体育合作的高度重视。此外，中俄有关体育科研、赛事、教练员与运动员互访等的交流活动也日益正规化、常态化。特别是中俄体育科学研讨会除为学术交流提供平台外，还促进了两国体育科技的发展和进步。至于两国共办的体育赛事（如国际象棋对抗赛、拳击对抗赛、篮球赛、青少年运动会以及中俄国家年）等活动都潜移默化地推动了两国体育文化在民间的推广与普及。从中俄现阶段的体育交流模式来看，政府主导与交往的基础决定了未来一段时间中俄双方的体育交流活动会较为稳定的发展，但政府主导的体育交流活动过于依附外交关系与政府行为，其自发性仍显不够。

3. 中国—中东欧

历史上，中国与中东欧一直保持着紧密的联系。随着 2012 年 "16+1" 合作（即中国—中东欧国家领导人会晤机制）的开启，双方在经贸投资领域展开了重点合作。继 2013 年 "一带一路" 国际合作倡议的落实，双方体育合作开始加速。

从中国与中东欧的体育文化与体育强项来看，双方各自优势明显，交流合作互补性强。中东欧国家文化受西欧影响较大，三大球是其强项但恰是中国短板。此外，中东欧国家冰雪运动中 "雪强冰弱" 的特征，与我国 "冰强雪弱" 现象[①] 互为补充。此外，中东欧的拳击、摔跤等项目在世界上也具有较高水平。这对于搏击事业起步晚的中国来说具有宝贵且丰富的借鉴价值。

目前，中国与中东欧国家双方的体育交流以双边方式开展为

[①] 曹帅英:《中国—中东欧国家冰雪运动合作机制研究》,《河北体育学院学报》2019 年第 4 期，第 34—41 页。

主。合作项目主要是中东欧的优势体育项目和我国的传统体育项目。① 在这些交流中，我国青年队和专业队与中东欧国家代表队的切磋侧重于学习对方先进的运动技术与理念，以弥补我国相应专项体育技术的短板。这些活动的举办频率相比于中国—俄罗斯、中国—东盟要低，举办周期不够固定，交流效果也有限。与此同时，我国体育文化对这些国家的传播活动也较少。其中，武术、太极等中华体育文化瑰宝只作为表演节目走出国门，尚未真正在那里落地生根。另外，除政府策划的体育交流活动外，在民间对外体育交流中商业行为较多。由于中东欧国家与中国的地理距离较远以及文化上的差异，它们当前看重的更多的是同中国在经贸领域的合作，对双方人文交流以及体育交流的重视与投入不足。因此，现阶段双方的体育交流合作还停留在较为初级的阶段，尚未达到交流机制的层面。今后双方都应进一步加强对体育交流的重视，充分利用互补性强的优势，推动交流活动向更频繁、更稳定的方向发展。

4. 中国—中亚

新疆作为我国西北对外交流的桥头堡，与哈萨克斯坦、塔吉克斯坦、吉尔吉斯斯坦均有接壤。中亚5国的民族构成与新疆也十分相似。哈萨克族、吉尔吉斯族（即我国的柯尔克孜族）、塔吉克族与乌兹别克族（即我国的乌孜别克族）在新疆均有相应的同源民族跨界而居；而居住在中亚的维吾尔族、卡尔梅克族（蒙古族）、鞑靼族（即我国的塔塔尔族）、俄罗斯族、东干族（即

---

① 谢劲、李铁录：《"一带一路"背景下中国与中东欧体育交流与合作研究》，《体育文化导刊》2019年第9期，第1–6页。

我国的回族）等其他非主体民族也是新疆的基本民族构成。[①] 新疆与中亚之间共有 10 个跨境民族毗邻而居。[②] 新疆与中亚国家还有共同的宗教信仰。截至 2011 年年底，新疆少数民族人口近60%，13 个世居民族中有 10 个信仰伊斯兰教。[③] 中亚国家中信仰伊斯兰教的人数占比较大。此外，新疆少数民族传统体育项目中马术、射箭、摔跤、民族舞等充满游牧民族风情的体育活动十分流行。相应地，这些体育项目在以游牧民族为主的中亚国家也很受欢迎。鉴于中国新疆与中亚国家彼此地理毗邻、民族特性和宗教信仰一致、体育文化相近，二者完全具备建立类似中国—东盟体育交流机制的潜力。然而，由于各种原因，中国与中亚之间至今所开展的与体育有关的直接对话与交流活动少之又少。双方的体育交流合作还停留在初级阶段。鉴于中亚 5 国与我国均为上海合作组织成员，双方借助上合组织平台开展体育交流合作的潜力巨大。

5. 中国—南亚、西亚

中国同西亚和南亚的体育交流是"一带一路"国际合作框架下推进最迟缓的地域。这或许与两区域落后的经济水平、恶劣的自然条件、多元的宗教文化及动荡的政治环境有关。

南亚国家均为发展中国家，大多为传统农业国，以农业为国家经济基础，经济实力薄弱。国家间存在历史纷争，巴基斯坦与

---

① 曾建民、孙剑：《新疆与中亚跨界民族体育文化的互动及其价值研究》，《新疆社会科学》2009 年第 2 期，第 42–45 页。

② 夏依提哈孜、昆波拉提：《开拓中亚市场中的人文因素研究》，《伊犁师范学院学报》（社会科学版）2007 年第 2 期，第 56–59 页。

③ 刘戈：《试论宗教与新疆少数民族传统体育的发展》，《体育研究与教育》2014 年第 1 期，第 81–83 页。

印度屡屡因为边境问题发生冲突，不丹、尼泊尔与印度的关系也同样时紧时缓，国家之间的交流都十分稀少。此外，印度与中国也因存在领土纠纷以及在"一带一路"国际合作方面的分歧，使双方在体育交流方面的合作受到不同程度的影响。从现阶段中国与南亚地区的体育交流来看，双方开展的体育赛事屈指可数，其他体育交流类活动也寥寥无几。目前，只有我国云南省在未来的政策规划中提及将南亚纳入新时代对外开放合作对象中（但目前该计划也还未落实到实处），① 因此双方仍以中国单方面对南亚国家进行资本输出与运动技术输出为主要交流方式。②

西亚地区与南亚情况近似。恶劣的自然气候同样不适合开展体育活动，并且宗教冲突、恐怖事件以及国家关系背后的大国博弈使该地区开展体育合作的环境不佳。然而，值得庆幸的是，西亚部分国家凭借丰富的石油资源已迅速跻身富国行列并有充足的经费发展体育。近20年来，西亚国家加大对体育的资金投入，引入了一大批优秀国际体育人才（包括知名教练与明星运动员）。这些国家在竞技体育方面实力迅速提高并在国际赛事中连连斩获佳绩。③ 但该地区的体育与中国的联系同样不多，双方虽经常在奥运会、亚运会、足篮球世界杯系列赛事中切磋交流，但直接展开体育对话的双边交流几近于无。中国是体育大国，正在向体育强国迈进，中亚也处于体育事业的快速发展期，双方之间有很多值得共同探讨、相互借鉴的东西，构建相应的双边体育交流机制

---

① 《云南省新时代扩大和深化对外开放政策要点》，云南省发展和改革委员会网，http://www.yn.gov.cn/zwgk/zcwj/qtwj/201911/t20191101_183921.html。

② 姚儒兴、程传银：《中国与南亚国家体育合作与交流研究》，《体育文化导刊》2018年第3期，第144-148页。

③ 谭新莉、戴志鹏：《管窥西亚体育近二十年之发展》，《山东体育学院学报》2011年第2期，第37-42页。

是双方体育发展的应时之需。

二、"一带一路"国际合作框架下体育交流机制特征

1. 中国与"一带一路"沿线各区域之间发展不均衡的体育交流合作

当前,"一带一路"国际合作框架下各区域间体育交流存在不均衡现象。中国与东盟国家有着相似的人文渊源,少数民族的族源相通优势以及华人华侨的群体优势使得双方具备了相近的传统体育文化和民风民俗。这极大地便利了双边或多边体育赛事的开展,也有利于彼此构建稳固的交流合作机制。中俄全方位、多层次的外交关系为二者之间的体育交流提供了有力的政策扶持与引导。在此背景下,中俄体育交流形式多样、内容丰富饱满,体育交流机制达到了较为成熟的水平。

反观中国与中东欧、中亚、西亚、南亚的体育交流几乎都还停留在初级阶段。其中,中国与中东欧之间的体育合作尚未得到后者的充分重视,双方体育交流更多是中国对中东欧优势运动技术的学习;中国与南亚地区的体育交流更多是中国对南亚国家的体育资本输出与技术援助,交流深度有待提高。至于中国与中亚和西亚的体育交流,还需双方利用好彼此相似的共同点,充分发挥现有优势以及借鉴同其他区域国家开展体育交流的成功经验。其中,尤其需要积极推动和充实与体育有关的各类交流活动并为构建固定交流机制奠定基础。

2. 政府主导的体育合作与民间体育交流规模也因地区不同而发展不平衡

在"一带一路"国际合作框架下,(中俄之间以及中国与中东欧之间)继政府经贸合作而开展的体育交流合作更多是由政府主导。中国与地缘相邻、民族特性和文化以及语言相通的地区(例如中亚、东南亚国家之间)在政治经贸合作之前,民间体育交流活动就早已有之。其中,东南亚国家凭借与中国政府双方在体育合作领域的投入力度不断加大,政府主导与民间组织的权重逐渐平衡,交流机制逐步完善,其发展经验可供我国与中亚国家合作借鉴。政府主导与民间主导的体育交流各具优势,二者在对外交往中同等重要且彼此可相互补充。其中,政府组织的官方性可以快速打开工作局面,民间组织的非政府性可以有效化解他国的误解、消除抵触和规避冲突。[①] 在实际工作中将两种方式相结合能够创造更好的交流效果。

3. 相关赛事活动举办的持续性不足

近年来,冠名"一带一路"以及中国同"一带一路"沿线区域国家联合开展的双边或多边体育交流赛事越来越多。其中像环青海湖自行车赛、中国—东盟国际拳王争霸赛、中俄青少年运动会等部分赛事都连续举办多届。其已具备一定知名度与影响力,且成功建立起独立的赛事品牌。然而,在目前已举办的各类赛事活动中也不乏一些交流赛、访问赛以及某些仅有"一带一路"之

---

① 郭鸿炜、高斌:《"一带一路"非政府组织人文交流的角色定位与功能分析》,《经济与社会发展》2018年第4期,第25–29页。

名而无其实的地方赛事。这些赛事往往举办一两届之后便无后续，每年类似的赛事仍在涌现。国际赛事活动的稳定运营牵扯到各有关国家政府的合作，涉及相关体育机关的布局规划以及各单项运动协会与赞助商的支持。一个成功的体育赛事从品牌树立到品牌维护是一个漫长且复杂的过程。不够精良、没有内涵的赛事很快会被市场淘汰。从这点来看，当前市场上冠有国际元素的部分赛事品牌发展还充满着不确定性。

鉴于"一带一路"沿线有相当部分与局势异尚不稳定的中东地区紧密相连，同时考虑到体育赛事往往人群大量聚集，而且友爱团结的体育精神又恰恰与恐怖主义思潮相左，因此促进和维护"一带一路"沿线的地区稳定也是开展体育交流合作必须考量的因素。

4. 体育赛事过度依赖政府间双边合作，多边体育合作欠缺

中国秉持积极态度开展对外交往，一直同周边国家保持友好关系。近年来，中国同各区域的体育交流大多以双边体育组织之间的政治、经济合作为基础，自主独立运作能力还不强。此外，"一带一路"框架下的体育交流大多为中国同"一带一路"沿线有关国家的一对一交流，沿线范围内任意其他两区域间的交流较少。事实上，多边交流机制相比于双边合作，更符合"一带一路"国际合作倡议有关构建人类命运共同体的初衷，且更多元的文化交融有利于交流内容的丰富与机制的可持续发展。从这个意义上说，多边体育合作将是未来的重点发展方向。

三、"一带一路"国际体育交流机制升级的对策

1. 完善双边交流机制，助推多边交流合作

针对当前"一带一路"沿线各区域体育交流机制发展不均衡的状况，首先要加快推进与西亚、南亚地区的体育交流工作。为此，可有针对性地根据这两地体育文化与体育发展现状，借鉴中国同俄罗斯以及东盟国家体育合作的成功经验，完善双边体育交流机制。也可谋划部署"一带一路"倡议下多边体育交流合作甚至构建相关国际体育组织，定期推动和组织多国体育高层领导人会晤，传递团结包容的体育精神与共商共建的倡议内涵。

2. 数管齐下，鼓励非政府组织为体育外交助力

充分调动非政府组织的积极性，鼓励更多民间力量投入体育外交领域的建设中，引导优秀企业与民间组织高效利用国家对"一带一路"沿线多边体育发展的政策利好，打造一批认可度高与影响力大的精品赛事。利用政策扶持手段，鼓励更多留学生、交换生选择相关体育专业，建立新型体育人才合作培养模式，将大学生的体育互访交流活动固定化，同时严把互换生生源，更好地树立和维护体育交流的正面形象。

在中东、中亚等宗教文化氛围浓厚地区，充分发挥民间组织的接地气优势，以双方共同的宗教文化与历史记忆为切入点，拓宽民间交往渠道，消除民众抵触情绪与概念误解，为体育交流活动打下良好的社会支持基础。

3. 强化"一带一路"国际体育合作概念，推动沿线国家提升对体育交流的重视力度

思维指导行为。国内媒体需要加强对"一带一路"国际体育合作这一概念的宣传与推广，并推动其他参与国的认可与重视。这种宣传有助于从根本上推动"一带一路"沿线国家更好地开启双边及多边体育交流进程。在交流中，各有关国家势必会日益提高对体育合作的重视程度并更好地推动各项工作的落实。

第四部分

Annual Report on Cultural Diplomacy of China's Belt and Road Initiative in 2021/2022

奥运特别篇

梁昊光　张　钦　焦思盈　钟茂华　兰　晓①

北京冬奥会为世界讲述了精彩的中国故事②

内容介绍

〔**摘　要**〕奥运会成功与否的标志正从赛事活动顺利、精彩，向主办城市发展受益的方向延伸。作为 2022 年北京冬奥会的主场地，冬奥会筹办也成为确立北京的功能地位、推进首都治理体系和治理能力现代化的一次重大契机。冬奥会筹办加速了北京城市基础设施升级，办奥理念筑牢了北京城市可持续发展理念，办赛要求强化了北京城市治理科学化、精细化能力。所有这些对城市治理体系和治理能力现代化产生了诸多影响。协同赛事场馆运行与城市公共空间优化、冬奥科技创新与城市智慧治理、安全办赛与城市风险管理以及冰雪赛事文化与城市健康娱乐文化共同发展，可为"后冬奥"时代更高质量推进北京城市治理提供参考。

〔**关键词**〕冬奥会；城市治理；北京

---

①　此文为国家重点研发计划"科技冬奥"（2020YFF0305300）项目阶段性成果。

②　梁昊光，北京第二外国语学院教授、博士。张钦，北京第二外国语学院国家"一带一路"数据分析与决策支持北京市重点实验室研究员、博士；焦思盈，北京第二外国语学院国家"一带一路"数据分析与决策支持北京市重点实验室助理研究员；钟茂华，男，清华大学工程物理系教授；兰晓，北京第二外国语学院国家"一带一路"数据分析与决策支持北京市重点实验室副教授。

一、精彩、卓越、非凡的 2022 北京冬奥会

2022 年 2 月 20 日，为期 16 天的北京冬奥会正式落下帷幕，中国交出了防疫和办赛的双重完美答卷。"浪漫、现代、科技"感十足的北京冬奥会开幕式给人留下深刻印象，彰显出 2022 北京冬奥会的独特魅力。

众所周知，科技是本届冬奥会的重要主题之一。北京作为首善之都，正在全力打造全球数字标杆城市。为准确研判北京冬奥会办赛经验和传播趋势，在科技部国家重点研发计划项目"冬奥全球传播服务平台研究及应用示范"支持下，由北京第二外国语学院、清华大学、中国传媒大学、北京邮电大学、中国外文局等 10 家单位合作研发了"5G 北京冬奥赛事和中国文化多语种全球传播服务平台"。

图 1   5G 北京冬奥赛事和中国文化多语种全球传播服务平台窗口

作为北京冬奥组委会官方宣传矩阵的学术和民间补充，冬奥多语种传播资讯平台（https://bj-2022.com）通过对全球冬奥相关多模态数据汇聚与融合，应用跨模态内容检索、精准推荐、专题快速生成等技术，用 29 种语言传播冬奥消息，讲好中国故事，弘扬中国文化。该平台资讯传播覆盖 140 多个国家和地区，涉冬奥数据日均增量 100 万条。

此外，平台研发的跨媒体认知计算、深度语义分析等技术可用于舆情监控、内容安全鉴伪审核、信息传播决策辅助等工作；研发的网站整站翻译技术可支持 29 种语言浏览和阅读冬奥资讯；研发的冬奥全球传播影响力提升模型在冬奥在线传播策略制定支持服务方面得到了充分应用。项目组还充分发挥各合作单位特色优势，积极探索和创新服务形式，并依托强大的数据采集和分析能力，融合语言、科技、软科学、管理学等智库专家团队矩阵，精准研判北京冬奥会办赛经验和传播趋势，用科技讲述精彩、卓越、非凡的冬奥故事。

图 2　5G 北京冬奥赛事和中国文化多语种全球传播服务平台交付仪式

目前，奥运会已成为世界各国、非政府组织、跨国企业等高度关注的全球重大活动。筹办奥运会已是举办国及举办城市促进经济发展、文化传承、形象塑造的重大契机。[1] 在现代社会，体育已成为城市的有机模块，大型赛事筹办的治理活动包含了城市运行、财务统筹、赛事规划、政府管理、可持续发展等多项业务工作。[2] 发展体育事业和体育产业被证明是推动城市良性发展并不断提升城市治理能力的有力抓手。[3] 奥运会成功与否的标志也正从赛事活动顺利、精彩，向主办城市发展受益的方向延伸。举办奥运会是否有助于催化主办城市解决发展中的关键问题和促进城市发展升级正在成为城市申办奥运会的决定性因素。举办城市的相关政府机构、社会组织、民众参与其中，筹办过程和相关遗产对所在城市建设带来了重大机遇，也为城市管理提出了巨大挑战。[4] 体育赛事与城市定位和发展战略相耦合，才能实现体育赛事与城市建设和发展互利共赢。[5] 从1896—2020年奥运城市的发展历程可以发现，由奥运会衍生出的奥运产业、城市建设规划和"奥运遗产"能够驱动奥运会举办地的城市化进程。[6]

北京冬奥会从申办成功到正式承办赛事经历了近7年的筹办

---

① CHRIS G.Sport in City, London, UK, 2001, pp. 28-40.

② 纪成龙、易剑东:《运行要求与实施进展:北京2022年冬奥会筹办的重点领域研究》,《上海体育学院学报》2020年第2期,第53-63页。

③ 叶林、陈昀轩:《体育与城市:从发展竞争到治理能力》,《中国治理评论》2020年第2期,第72-91页。

④ 王艳霞:《利用冬奥契机推进国际交往中心建设》,《北京观察》2020年第11期,第26-27页。

⑤ 鲍明晓:《城市发展需大型体育赛事提升影响力》,http://industry.sports.cn/news/others/ 2017/1128/223603.html。

⑥ 柳鸣毅、彭明宇、李绅、龚海培、胡雅静:《奥运城市建设路径及对北京2022年冬奥会的启示》,《首都体育学院学报》2021年第2期,第205-215页。

历程。这是我国重要历史节点的重大标志性活动。其不仅是体育盛会，而且是国际交往、文化交流和科技创新展示平台，也是进一步确立北京的功能地位、推进首都治理体系和治理能力现代化的一次重大契机。

二、冬奥会国际赛事提速北京城市基础设施升级

城市建设既是城市治理的重要组成部分，又是城市治理得以展开的基础，是整个城市运行和人类衣食住行得以开展的载体。大型运动会的举办与体育场馆的建设对于城市基础设施的提升有重要意义。

1. 公共交通网基本成型，交通治理取得成效

冬奥会根据北京城市交通以及对外交通需求和未来延庆及周边区域经济社会发展的交通需求，通过互联互通，实现了三个赛区的无缝连接，初步建成了多渠道、多方式、多途径的内外交通体系，提高了路网运行效率。在张家口与北京联合申办冬奥会后，京张高铁、崇礼铁路、延崇高速、京北公路、张崇轻轨等铁路公路建设逐步完善，乡村公路实现全面通车，百米级、分钟级气象预报基本实现。延庆赛区从无路、无水、无电、无通信的"四无"山区，变成了国际一流的奥运场馆群，交通、住宿、餐饮、志愿服务等保障工作全面推进。此外，智能交通与绿色交通深度融合。近年来，北京市与河北省不断完善"掌上公交"应用系统和升级公交智能调度系统，推动北京建设绿色低碳交通系统，利用智能化、自动化等现代技术手段建设新型交通体系，大力推行低碳交通，赛事期间赛区内交通服务将基本实现清洁能源

供应。① 据统计，在车辆逐年增长情况下，中心城区平均拥堵指数从 2015 年的 5.7，下降到 2020 年的 5.07；公交优先，智慧调度，高峰时段公交运行速度 5 年间提升 27.4%；轨道交通不断延伸，5 年间增长了 74%，目前总里程达到 1091.6 公里，绿色出行比例不断提高；推进道路停车位电子收费和停车位错时共享，静态交通治理取得实效。②

2. 城市公共空间品质提升

一方面，针对北京市老城区存在公共空间数量不足、功能单一、品质不高等问题，北京市发改委牵头制定了北京市《关于城市空间改造提升示范工程试点工作方案》，进一步巩固疏解整治工作成果，提升城市公共空间品质，切实改善群众身边环境和公共服务，高水平、精细化打造一批示范性公共空间。另一方面，通过规划建绿、见缝插绿、拆墙见绿、立体增绿等方式实施多元增绿，实现生态宜居示范区的功能定位。保留街巷特色文化、建筑风格。同时，注重功能优化，推进留白增绿。随着冬奥会不断临近，赛区周边生态环境和居住环境也在不断改善。例如，公园和绿地占地面积大幅增加，绿化覆盖率逐渐上升，空气质量显著提升等。城区景观不断优化，道路整洁度明显提升，"会呼吸"的城市特征逐渐凸显。2015 年以来，北京新增城市绿地 3773 公顷，建成城市休闲公园 190 处，小微绿地、口袋公园 460 处，城市森林 52 处，增加了市民身边触手可及的绿色空间。目前，北京市人均公园绿地面积达到 16.5 平方米，预计到 2023 年，北京将全

---

① 《2022 年北京冬季奥运会史上首次实现 100% 清洁能源供电》，http://kuaibao.qq.com/s/20190625A0MNP200?refer=spider。

② 《北京绿色发展动力不断增强》，《人民日报》2021 年 11 月 9 日，第 1 版。

域达到国家森林城市标准。

3. 城市能源结构调整

北京冬奥会场馆绿色电能的供应是绿色低碳理念的具体践行，也是兑现申办承诺的重要标志，对于北京的绿色电能供应具有重要意义。供电是奥运赛事运行的基础，是大型体育赛事的重要组成部分之一，绿色供电成为历届奥运会举办的主题。近年来，北京市持续推动产业结构优化和能源清洁转型，燃煤量大幅下降，2020 年碳排放强度比 2015 年下降 23% 以上，超额完成"十三五"规划目标任务。[①] 为推动新能源、清洁能源车辆发展，北京市和河北省出台了多项优惠政策，民众对新能源、清洁能源汽车的接受度和需求逐渐提升。在公共交通领域，北京市与河北省政府致力于构建以新型能源为动力的公交系统。"十三五"期间，北京市每年淘汰的老旧公交车 100% 更新为新能源车，新能源与清洁能源公交车占比已超过 90%；推广纯电动出租车 1.1 万辆。

4. 无障碍环境建设增添城市人文情怀

以冬奥筹办为契机，京张地区在完善城市功能过程中，加强无障碍环境建设，营造包容性社会氛围。冬残奥会筹办过程中发布的《北京 2022 年冬奥会和冬残奥会无障碍指南》将无障碍环境建设专项行动聚焦在城市道路断点消除、公共交通衔接顺畅、公共服务场所注重安全便利以及科技助推信息交流 4 个重点领

---

① 《北京走出绿色低碳发展新路径》，《中国环境报》网，http://www.nea.gov.cn/2021-03/26/c_139838057.htm。

域。截至 2021 年 2 月底，共整治闲置、占用问题 8.96 万个；已整改点位 5.02 万个，整改量是 2008 年的 7.73 倍。无障碍环境建设专项行动将更加聚焦冬奥会场馆周边无障碍环境建设，打造一批无障碍精品工程、无障碍精品示范街区以及"一刻钟"无障碍便民服务圈，以提升主办城市无障碍水平，让城市更有温度，群众更加受益。此外，制定实施《北京市"迎冬奥　促提升"国际语言环境建设专项行动方案》，改进城市外语标识系统，完善国际化支付系统等，以加速提升和优化北京国际语言、消费、服务和人文环境，彰显现代化的城市风貌。

5. 网络设施与安全升级

在过去 10 年，重大体育赛事遭遇的网络攻击层出不穷，网络安全技术和产品也不断迭代更新。网络与信息系统是北京冬奥会举办必备的基础设施，也是赛事组织和举办的支撑平台与信息传播渠道[①]。考虑到受新冠肺炎疫情影响，很多人只能通过网络观看冬奥赛事，北京市政府特别加大了对网络设施的安全维护并提升其服务功能。例如，指导相关基础电信运营企业将 5G 技术，以创新应用形式赋能北京冬奥会；统筹协调和保障冬奥会频率资源、加强筹备期间重点区域保护性监测和无线电设备管理；持续推进 5G 网络建设，同步建设冬奥场馆室内覆盖；专项制定通信保障预案，优化赛事区域网络架构、开展 5G 冬奥创新应用；有效提升网络安全保障能力。[②]

[①]　王一伊、王淑荣：《为北京冬奥会构建网络安全屏障》，《人民论坛》2020 年第 16 期，第 124–125 页。

[②]　《北京冬奥会倒计时 100 天　工信系统保障工作准备好了！》，新华网，http://www.xinhuanet.com/ info/20211028/ba964fc67b87456e9e250d41c186cae2/c.html。

三、筑牢北京城市可持续发展理念

可持续性是发展当代奥运会的重要组成部分，也是主办城市申办理念及遗产计划的中枢。在《奥林匹克2020议程：奥运会新规范》中，国际奥委会进一步从技术、能源、场馆、形象景观、媒体服务、赛事服务、交通等方面提出了可持续发展的具体要求和建议。北京冬奥会和冬残奥会是第一个全面践行《议程》的奥运会。据此，《北京2022年冬奥会和冬残奥会可持续性计划》贯穿于北京冬奥会赛事筹办全过程。

1. 可持续承诺压实城市治理责任

经对申办期间提交给国际奥委会的报告和相关文件进行梳理，北京冬奥组委会确立了包括可持续性理念和战略、参与可持续性决策、可持续性规划指南标准、场馆规划设计和建设运行、宣传与文化活动、可持续采购、城乡环境建设、生态保护与补偿、碳中和、治理大气污染保障空气质量、水资源与水环境保护和气象保障12个方面45条可持续性承诺事项。为兑现承诺，北京冬奥组委会将可持续性承诺工作分解为155项具体任务，并逐一落实到北京冬奥组委、北京市政府、河北省及张家口市政府的47个相关部门。其中，北京冬奥组委会承担62项、北京市政府承担44项、河北省及张家口市政府承担49项。

2. 绿色办奥突出城市治理变革方向

环境是体育事业赖以发展的平台，坚持绿色办奥不仅是对我国生态文明建设的回应，更符合当前奥林匹克运动可持续发展趋势。为减少对生态环境的不利影响，北京冬奥会在场馆规划、建设、运行和赛后利用全过程中，积极和主动落实生态保护优先原则，按照绿色建筑标准建设或改造场馆和设施的同时最大限度利用现有场馆和设施，以期高标准保护赛区生态环境和促进人与自然和谐发展。首先，北京冬奥会场馆已创造出一套符合奥运标准、立足"中国方案"的可持续性工作模式：场馆可持续性"管理办法＋技术规范""技术指南＋组织开展绿色建筑标准评价＋监督落实建设和运营"。其次，通过与京津冀及周边城市协同治理水和大气环境，北京的主要大气污染物年均浓度全面下降。例如，2020年PM2.5年均浓度降至38微克/立方米，较2015年下降超50%，大气能见度明显提高；通过彻底治理142条黑臭水体，全市地表水还清向好（其中，2020年污水处理率达到95%，比2015年提高7.1%）。此外，奥运场馆的供电也转向清洁供应。自2019年7月起，鸟巢与水立方等第一批冬奥赛事场馆与配套服务设施先实现绿色电能供应，赛区奥运场馆在2022年赛事举办时实现了采取100%可再生能源供电，开创了奥运会绿色电能供应的历史，大大减少了能源消耗与环境污染。作为北京冬奥会新建场馆中的标志性建筑，国家速滑馆"冰丝带"是全世界最大的采用二氧化碳跨临界直接蒸发制冷的冰面，也是全球首个采用二氧化碳跨临界直接蒸发制冷的冬奥会速滑场馆。该场馆还能通过智能化能源管理系统，把制冷产生的废热，用于除湿、冰面维护、场馆生活热水等。为此，在全冰面模式下，该场馆每年仅制冷部分就能节省200多万度电。

3.共享办奥引领京津冀协同发展

北京冬奥会致力于将人的发展作为可持续发展的落脚点。例如，通过人们在冬季运动中所获得的特殊体验，北京冬奥组委会积极拓展人的生活空间、改善人的生活方式、提高人的生活品质、培养人的生活态度[①]。"共享办奥"意在坚持共同参与、共同尽力、共同享有。筹办冬奥会不仅是京张两地"双城记"，更是京津冀三地"总动员"。从申办到筹办，京津冀三地以"冰雪"为媒，依托冬奥场馆及配套基础设施，充分利用两地人文历史、生态资源优势，推出了多条特色旅游、冰雪旅游、骑行旅游路线，完善了京津冀交通体系，推动了基础设施一体化管理，使京津冀地区的物流、仓储等基础设施水平得到大幅提升[②]。在冬奥会的筹办过程中，京津冀地区的协调分工与联动建设形成了高效有力的赛时运行指挥体系，提升了跨区域、跨领域的指挥调度和应急保障能力，以确保赛时运行安全高效。如北京市与河北省以冬奥会筹办为契机，进一步加强区域生态环境联防联治，以治气、治沙、治水为重点，整体改善京张地区生态环境，推进延庆区、张家口市共同建设国家级生态文明建设示范区，探索区域生态环境协同保护新机制、新模式。"三个赛区、一个标准"的原则促进了交通、环境、产业、公共服务等领域的协调统一。

4. 开放办奥助推北京国际交往中心建设

（1）治理规则国际化

办冬奥会强调对国际规则和惯例的遵守。这一过程的专业化、国际化、人性化也是对行政化的办赛方式、领导方式的一次

---

① 冯雅男、孙葆丽：《冬季奥运会可持续发展研究及对北京 2022 年冬奥会的启示》，《沈阳体育学院学报》2017 年第 5 期。

② 吴玲敏等：《北京冬奥会推动京津冀冰雪旅游发展效应及协同推进策略研究》，《北京体育大学学报》2019 年第 1 期。

升级。北京冬奥组委会与国际奥委会、国际残奥委会、国际单项体育联合会、相关器材供应商等各类国际组织的加深了解、增强互信进一步丰富了城市的国际资源。这些交流和积淀在国际交往中心建设中发挥了积极促进作用。

（2）奥运遗产特色化

冬奥会的筹办留下了丰富的奥运遗产。这些奥运遗产因其高品质及国际化特色无疑可直接服务于未来的相关国际活动，并可在持续、长期推进国际交往中心建设中发挥积极作用。例如，国家速滑馆、国家高山滑雪中心的落户让北京举办世界顶级冰雪赛事成为可能。此外，冬奥会场馆已成为北京城市发展的新地标。

（3）冰雪经济体系化

随着人们对美好生活目标的新追求，体育开始向高品质锻炼和多元化体育消费转变。时下，人们参与冰雪运动的热情高涨，冰雪产业迸发活力，"带动三亿人参与冰雪运动"的前景广阔。以健身休闲为主，竞赛表演、场馆服务、运动培训、装备制造和冰雪旅游等业态协同发展的产业体系已逐步建立，越来越多的国产冰雪运动器材及拥有自主知识产权的冰雪运动新技术、新材料、新工艺正在涌现。以北京市为例，青少年冰球、滑雪、花样滑冰赛事迅猛发展。其中，北京青少年冰球俱乐部联赛已成为亚洲规模最大的青少年冰球赛事。此外，北京延庆区通过大力培育现代园艺、冰雪体育、新能源和能源互联网、无人机4大重点产业，使2.4万名中小学生掌握了冰雪运动技能，越来越多的延庆人吃上了"冰雪饭"。冬奥会对旅游业、建筑业及服务业等产业的带动作用为冀北地区也带来了大量的就业机会。①

四、强化北京城市治理科学化、精细化能力

组织和举办奥运会是一项庞大的系统工程，交付时间跨度大，涉及面广，面临诸多分歧、困难和挑战。只有包括国际奥委会、国际残奥委会、国际单项体育联合会、奥组委、国家单项协会、主办城市等在内的所有利益相关方密切协作和共同努力才能交付一届成功的奥运会。② 大型体育赛事提升城市软实力、改善城市形象和提升城市品质已成为学界共识。③ 因此，在"简约、安全、精彩"的办赛要求下，通过全面防范化解各种风险，精心做好赛事组织、赛会服务、科技应用、文化活动等各项筹办工作，最大限度降低疫情风险，④ 北京城市治理的科学化、精细化能力无疑得到了显著提升。

1. 简约办赛引领城市治理科学化

城市总体规划是城市发展、建设和管理的基本依据，在城市发展和治理过程中具有牵引性作用，也是城市治理的根本准

---

① 《北京冬奥会可创造 60 万个就业机会》，北青网，https://news.qq.com/a/20150801/003111.htm。

② 王艳霞：《利用冬奥契机推进国际交往中心建设》，《北京观察》2020 年第 11 期，第 26–27 页。

③ 张静、罗建英：《大型体育赛事对城市发展的影响研究综述》，《浙江体育科学》2019 年第 2 期，第 22–27 页。

④ 新华社：《要突出"简约、安全、精彩"的办赛要求　全面防范化解各种风险精心做好筹办工作》。

绳。① 北京是全球首座"双奥之城"，简约不仅包含了勤俭节约、简化办赛以及精简非必要环节、活动和人员数量，也包含了"廉洁办奥"的重要内容。因此，简约办赛的内在要求是尊重规律、科学规划，这是助推城市治理决策科学化的重要手段。北京冬奥会各赛区对照筹办工作总体计划，除了深化细化场馆和基础设施建设规划，还围绕城市治理需求，充分考虑了各赛区场馆的后续利用事宜。大型体育赛事场馆赛后利用几乎是"世界难题"，但作为"双奥之城"的北京，不仅在冬奥会场馆新建时就进行了赛后利用规划，更将2008年奥运会的场馆遗产再次"焕新"。在44个冬奥会场馆和设施中，现有场馆和设施25个（如鸟巢、水立方等）、临时场馆和设施6个（如颁奖广场等）、利用城市既定建设项目6个（如短道速滑训练馆、五棵松冰球训练馆等）。以上共计37个，占总量的84%；其他结合本次冬奥筹办需要而建设的场馆和设施只有7个，占总数的16%。对一些新建的非竞赛场馆，北京冬奥组委会也提前谋划了赛后利用方式。比如，北京冬奥村赛后将转变为人才公寓，面向首都高级人才提供住房保障。延庆冬奥村赛后将转变为酒店，满足高品质度假需求。张家口冬奥村赛后将主要作为酒店式公寓及康养中心运营。②

2. 安全办赛增强城市安全综合保障能力

安全是重大体育赛事必须坚守的底线，也是城市治理的基

---

① 李文钊：《城市总体规划是城市发展、建设和管理的基本依据，在城市发展和治理过程中具有牵引性作用，也是城市治理的根本准绳》，光明网，https://m.gmw.cn/baijia/2021-04/25/34793125.html。

② 《北京冬奥会的首张"遗产"答卷》，中国青年网，https://baijiahao.baidu.com/s?id=1704481275352507443&wfr=spider&for=pc。

石。一届精彩、非凡、卓越的奥运盛会是世界对冬奥会的期盼，更是对中国和北京的期待。北京是特大型城市，具有特殊地位。其人口稠密、建筑密集、经济要素高度集聚，政治、文化及国际交往活动频繁，形成了以非自然因素为主的灾害种类较多、影响较大等安全风险特征，城市安全风险治理难度大。冬奥赛事的安全保障涉及场馆设施和运行、气象服务、医疗救护等诸多方面。为此，围绕冬奥会重要活动，北京市成立了北京冬奥会城市运行和环境建设管理指挥部（由中央单位、驻京部队、市有关部门和单位、相关区政府等 54 家成员单位组成），负责在冬奥会和冬残奥会筹办及举办期间，统筹协调、组织落实、监督实施北京地区城市运行保障和环境景观建设等相关工作；根据《关于推进城市安全发展的实施意见》，严密细致制定了北京市国民经济和社会发展规划及城市综合防灾减灾、地质灾害防治、防震减灾、排水防涝、防洪、安全生产、消防、道路交通安全管理、综合管廊建设等专项规划，构建起了科学高效的城市运行指挥体系；充分运用信息化、智能化手段加强城市管理，深化城市网格化管理，实现了国家、属地、场馆三级安保指挥体系纵向贯通、横向联动、响应及时、运行高效，增强了抵御自然灾害、处置突发事件和危机管理能力，进一步提升了城市运行和应急保障能力。

3. 精彩办赛赋能城市治理智慧化、人文化

技术的发明革新与智慧领域的扩张丰富了城市治理的方式；信息化和数字化推动了城市智慧发展，缓解了政府压力，也提高了治理效率，成为了创新城市治理体制的关键突破点。历届奥运会都是新技术创新的试验场，也是主办国科技展示的竞赛场。一系列"黑科技"不仅为赛事组织、后勤保障、对外联络、宣传推

广、市场开发、社会动员等提供了技术支持，而且也为提升观众观赛体验和国家形象的快速、高效传播提供了形象、便捷的手段。习近平总书记在考察北京冬奥会和冬残奥会筹办工作时，非常重视科技创新对冬奥筹办的重要意义，强调要突出科技、智慧、绿色、节俭特色，注重运用先进科技手段展示中国风格。因此，科技创新是"精彩"冬奥的核心要素。北京冬奥组委会结合多样创新需求，围绕智慧观赛、智慧办赛、智慧参赛三大场景，大力推进科技冬奥项目的应用测试及落地实施工作，推动了人工智能、虚拟现实、风险监测与预警、低碳、智慧医疗、智能交通等领域科技成果应用。科技的创新力不仅有利于政府及管理部门对城市的管理行为与环境变动进行实时掌握和准确了解治理进程及效果并依此做出快速的动态的调整，而且有助于"带动三亿人参与冰雪运动"、打破多元主体间协作壁垒，不断加强公众参与治理的力度和效度、实现城市治理的"供需平衡"和良性循环，从而为提升市民获得感、幸福感、安全感提供了重要支撑。[①]

五、关于北京城市治理协同发展的政策建议

1. 协同赛事场馆运行与城市公共空间优化

城市治理是由众多空间、区域、领域和议题构筑的治理体系。[②] 作为城市治理中权力实践和资源互动的载体，城市公共空间连接着生产、生活、生态区域，提供了全方位公共服务产品和

---

① 李华林：《让城市治理更智慧》，《经济日报》网，https://m.gmw.cn/baijia/2020-08/04/34056074.html。

② 陈水生：《迈向数字时代的城市智慧治理：内在理路与转型路径》，《上海行政学院学报》2021 年第 5 期，第 48—57 页。

交往空间的集成系统，集中反映了城市治理水平。① 大型体育赛事的需求导向较为明确，其要求城市不断更新供给结构、改善供给质量。然而，高标准的冬奥场馆对北京城市交通、通信、安全和环境保护均提出了更高的要求。城市配套设施运行效率的优化极大地增强了城市行政职能，提升了城市运行和周边环境的负载能力②，并为体育赛事的举办保驾护航。研究发现，北京冬奥会与北京城市发展《新总规》在理念、时间、空间、主（客）体方面存在着正向耦合关系。③ 在赛前和赛时阶段，北京城市公共空间以运动员为中心，为其提供训练、比赛、交通、住宿、餐饮、医疗和文化交流等服务。然而，以"奥运惠民"为主旨的体育、医疗、卫生和教育融合型体育公共服务体系仍需不断完善，以期与大众体育健身需求相适应。

2. 协同冬奥科技创新与城市智慧治理

冬奥会是冰雪健儿竞技的舞台也是科技成果应用平台。智慧办赛、智慧参赛、智慧观赛日益受人瞩目。冬奥组委会聚焦筹办和举办赛事在基础设施、绿色环保、智慧服务、转播技术、人工智能等方面的新技术需求，围绕场馆、运行、指挥、安保、医疗、气象、交通、转播等关键场景，约有几百项新技术成果在赛事中应用。冬奥科技的创新发展极大地改善了过去不同地区、部门和领域间数据和标准的割裂，可在供给对象全覆盖、供给主体

① 李麟学：《城市公共空间精细化治理模式探讨》，《人民论坛》2021 年第 13 期，第 71–73 页。

② 袁园媛：徐开娟：《基于居民认知视角对北京冬奥会环境影响的研究》，《体育科研》2020 年第 5 期，第 38–45 页。

③ 钟秉枢、金媛媛、汪海波：《耦合理论视角下的北京 2022 年冬奥会与北京城市管理研究》，《首都体育学院学报》2019 年第 4 期，第 292–297 页。

多元化、供给内容精准化、过程成果数字化及管理方式社群化中发挥重要作用。[①] 城市作为重要的组织体，不仅积聚了绝大部分的财富、人口和活动，同样也容纳了丰富的信息流动。在 AI 技术、云计算等现代科技支持下，城市治理在科技赋能下逐步从供给侧、治理结构扁平化、新型政社关系、跨域协同治理等方面实现了新突破，并逐步迈向智慧化时代下多元协同的共商、共治与共享新时期。[②] 科技助力城市智慧治理已成为化解居民多元化需求与供给不平衡、不充分间矛盾的刚性之需，有助于解决治理过程碎片化、社会管理分散化等方面的困境，并实现精准治理。

3. 协同安全办赛与城市风险管理

城市作为有机生命体，其活力和品质无法离开城市安全性的支撑。由于城市安全治理中存在风险多样、复杂和交互特征，城市公共安全风险治理不再是单向度治理过程，政府与企业和民众共建共治共享将成为最重要的底色。鉴于全球新冠肺炎疫情仍在蔓延，形势有很大的不确定性。在此背景下举办冬奥会和冬残奥会，北京市无疑承担着疫情输入和传播的极大风险。为此，做好防疫是成功举办北京冬奥会和冬残奥会的关键。在筹备期间，各场馆、酒店等按照"一馆一策、一场一策、一店一策、一批一策"要求，分别制定了精准的防控方案，保障了准备工作的稳步进行，而且给世界上其他国家战胜疫情增添了信心。

---

① 赵述强、高跃、祝良：《科技赋能：我国城市公共体育服务迈向智慧化治理的审视与论绎》，《体育科学》2021 年第 7 期，第 43–51 页。

② 柯勇、黄博、董思等：《新中国成立 70 年来我国体育发展的经验启示及未来路径》，《武汉体育学院学报》2020 年第 1 期，第 12–18 页。

4. 协同冰雪赛事文化与城市健康娱乐文化

冬奥会的筹办和举办不仅是一项高标准、高投入的赛事管理系统工程，而且是一个知识生产、储存、分享和创造的过程。[①]人民群众对美好精神文化生活需求的日益高涨以及文化和旅游产品的供给与不同年龄和消费群体需求的匹配错位迫切需要首都文化和旅游事业有更高水准的品质发展。为此，北京冬奥组委会出台了《"带动三亿人参与冰雪运动"实施纲要（2018—2022 年）》，并通过大力推广普及群众性冰雪运动，助力建设"健康中国"，奋力实现"带动三亿人参与冰雪运动"目标。然而，冰雪项目对身体素质的要求较高，一些项目兼具高速度、强对抗、高风险等特点。在塑造和培育城市冬奥文化过程中，北京冬奥组委会不断融合面向更广泛人群的健康养生和旅游产品及文化，并依托"冰雪赛事"将"健康"和"体育"融入城市公众健康治理中。这对于促进大众体育发展、提升民众身心健康无疑将发挥了较大的促进作用。

[①] 纪成龙、易剑东：《北京 2022 年冬奥会筹办阶段的运行特点、进展状况及后续建议》，《体育科学》2021 年第 5 期，第 15–24 页。

张鹤曦 ①

东京奥运会疫情防控措施研究与借鉴

内容介绍

〔摘 要〕新冠肺炎疫情肆虐背景下，2020年东京奥运会及残奥会的开幕凝聚了全世界的目光。日本政府及东京奥组委针对这一重大公共卫生事件采取了高频监测筛查和隔离消杀控制手段，以期为本届奥运会参与者建造一个严格闭环的防疫"气泡"。然而，赛事举办时频频走高的病例人数和双双失守的预防与管控政策昭示着其政策仍有不完善之处，同时也给2022年北京冬奥会敲响了警钟。本文旨在就北京冬奥会如何做好重大公共卫生事件应急管理预案，提供相关建议性意见。

〔关键词〕疫情防控；奥运会；公共卫生事件；应急服务

---

① 张鹤曦，北京第二外国语学院中国"一带一路"战略研究院助理研究员，外国语言学及应用语言学专业硕士研究生，具体方向为"一带一路"研究。

2021年7月23日，在日本国内每日新增病例数居高不下、疫苗接种率推进缓慢和民意反对不断的背景下，2020年东京奥运会正式开幕。经对东京奥组委官网机场入境核酸检测人数进行监测，自7月1日至26日日本奥运相关海外入境人数达到38484人。由于人流量巨大，加之疫情反复和新冠疫苗接种率不足，日本政府和东京奥组委采取的防疫措施受到各方关注。基于对东京奥运会《疫情应对措施手册》（简称:《手册》）中的相关措施以及各方评价进行梳理、分析和研究，本文总结出了东京奥运会疫情防控的经验教训，并对2022年北京冬奥会的举办提出了相关建设性意见。

一、东京奥运会疫情防控措施

东京奥运会开办之前，东京奥组委就公布了拟实施的防疫措施和机制。除倡导史无前例的"无观众办会"外，还提出了令人耳目一新的"气泡式"防疫模式。所谓"气泡式"防疫即是把东京奥运会、残奥会选手和相关人员的移动范围都限定在住宿地、训练场、比赛会场等地域空间以完全切断和外界的接触。这犹如使整个奥运会被巨大的气泡包裹并将病毒隔绝在外，所以被叫做"气泡式"防疫模式。

总体上看，东京奥组委疫情防控措施可被分为三个层面：预防、监控、病毒阻断与病例收治。以下是具体情况。

图 1 "气泡式"防疫模式

1. 减少人员聚集,从源头上预防

2021年5月底,日本方面曾宣布:6月1日面向参加东京奥运会的日本运动员代表团的新冠疫苗接种全面启动。接种者除600名运动员外,还有教练和其他相关工作人员参加,共约1600人。在东京奥运会开幕之前,国际奥委会主席巴赫向奥运会相关工作人员发布的公开信指出,国际奥委会确认84%东京奥运代表团成员已接种了新冠疫苗,国际奥委会团队疫苗接种率接近100%,媒体记者的新冠疫苗接种率也已达到70%—80%。据

NHK（日本放送协会）电视台消息：截至 6 月 25 日，在东京年满 65 岁的老年人中已有 82.02% 的老年人完成了一次接种，二次接种率为 66.10%；奥运村附近医院也准备了相对富裕的医疗资源，为赛事举办中的突发情况留足了缓冲空间。

6 月 15 日，国际奥委会、国际残奥委会和东京 2020 奥组委联合发布的第三版《手册》综合了医学、卫生、体育等多领域的专家意见，形成了包括"运动员和代表团官员版"在内的 7 个版本。《手册》作为奥运期间指导防疫措施的官方指南文件，其防疫精神和原则贯穿防疫全程。

《手册》还详细规定了记者在东京奥运会期间需要遵守的防疫规定。其中包括提交行程计划（其中地点只能是奥运会场馆及相关设施）、到达后的前 14 天不得乘坐公共交通工具、不能和日本民众接触，定期进行核酸检测、每天通过手机软件上报身体状

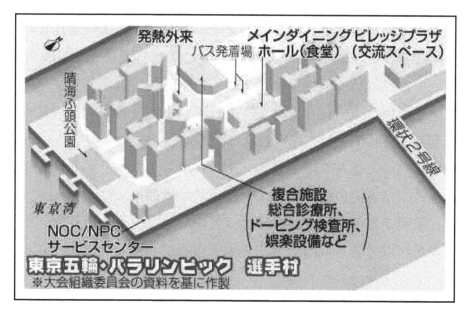

图 2　东京奥运会参赛选手活动范围示意

况、提前预约采访、和运动员保持 2 米距离以及记者之间在混合区域需要保持 1.5 米距离等。此外，奥组委还在奥运会开幕后给媒体的疫情防控联络官发送了两封邮件，提醒参会人员严格遵守防疫规定，否则可能会面临处罚。

针对运动员参赛事宜，疫情防控规定虽然取消了以往在奥运村举行的入村仪式，但需要在比赛前 5 天内办理入住手续。同时，比赛结束后至少需要完成 2 天的隔离方可离开奥运村：隔离期间的一切户外活动只被允许停留 15 分钟且 14 天内不能进入场馆以外的市区。① 在比赛项目之中也不乏一些特别规定（例如，乒乓球比赛中"不允许球员用手或者毛巾接触球台""不允许运动员吹球"等）。赛后的颁奖仪式为了避免间接接触，也需要运动员为自己戴上奖牌。此外，限制社交及活动范围、避免人员的聚集和不经意间接触等防控原则，在东京奥运会新规中随处可见。

同时，从大环境来看，为保证奥运会正常开幕，7 月初日本政府第 4 次对东京都地区发布的紧急事态公告宣布了限制居民不必要的外出、实施居家办公、要求当地餐饮行业停供酒精等措施。后因奥运会期间仍不断爆出新增感染病例，日本当局又再一次调整防疫政策，宣布 8 月 2—31 日紧急事态公告限制范围从东京都与冲绳县扩大至大阪府及首都圈等地。

相关条文也并非停留在形式上。在 8 月 1 日举行的新闻发布会上，东京奥运会组委会首席执行官武藤敏郎（Takeo minro）宣布，截至 7 月 31 日组委会已向 10 名违反东京奥运会防疫规定的人发出严重警告，同时向其中 4 人发出提交担保书的要求，注销

---

① 《西媒总结有关东京奥运会的 21 个问题》，https://mil.news.sina.com.cn/2021-07-22/doc-ikqciyzk7035111.shtml。

了 8 人奥运会证书的有效性，收回了 6 人奥运会注册证件。这是东京奥组委开幕以来首次公开惩罚违反防疫条例的行为。①

更多的预防措施还体现在观赛人数控制等细节方面。比如，调整赛前活动和赛事流程；取消本次奥运圣火点燃仪式的表演项目；重新规划奥运火炬传递线路。火炬传递期间，所有观众也被要求戴好口罩，尽量减少说话和欢呼，以鼓掌为主，不能靠近火炬手，并且要在观看奥运火炬传递之后的 2 周内居家隔离，有些地区甚至禁止观看奥运火炬传递。此外，根据国际奥委会、国际残奥会、东京奥组委、东京都政府和日本政府之前组织召开的五方会议精神，东京奥运会在东京都范围内的所有赛事均为空场比赛，东京都地区外的比赛也分别视当地情况决定是限制观众人数还是空场比赛。对于允许观赛的场次，每场比赛不允许超过 1 万名当地观众入场，并应满足观众人数少于场馆最大容量一半的条件。开幕式限制国家元首的随行人员至多为 11 人，部长随行人员至多 5 人。最终，原本可容纳 6.8 万名观众的开幕式主会场仅有包括各国政要和国际组织官员等相关人士在内的 950 人被允许现场观摩。750 场比赛中只有 26 场被允许观看，入场率低于原计划的 3.5%。

2. 高频监测筛查，防范潜伏期失察

日本境外入境人员等奥运相关人员的闭环管理和针对传染性疾病的"早发现、早诊断、早隔离"是奥运期间疫情防控的重中之重。早在奥运会开幕之前，日本政府部门逐步加强口岸防疫检

---

①《东京奥运会累计 281 名相关人士确诊　奥组委首次公开对违反防疫规定行为处罚》，https://www.163.com/dy/article/GGDLLL4L0514D3UH.html。

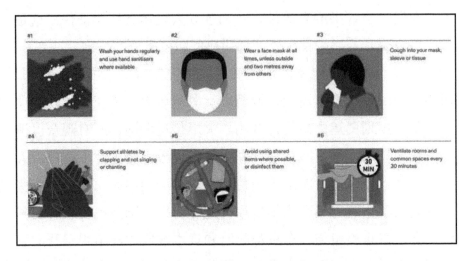

图3   2021年东京奥运会疫情防控中高频率筛检和及时隔离图示

测，在国内海关、出入境口岸和检疫机关设置隔离设施；并设立专门的"健康追踪中心"进行严格检测，向国内各级政府传报新冠病毒患者信息。《手册》规定：2021年7月1日后入境的奥运相关人员需要提供出发前72小时以内的核酸阴性报告；若7月1日前入境，则需要提供出发前96小时以内且非同日的两份核酸阴性报告，其中一次检测需要于出发前72小时进行。

相关人员在正式入住之前同样要进行核酸检测并进行观察。入住后，奥组委借助相关手机应用程序，通过奥运会相关人员证件内的GPS芯片，每日对持证者的位置实现全程追踪。这些基于互联网的数字化平台使上述审核查验全流程透明、有条理和可追溯。

鉴于比赛前6小时未通过核酸检测的运动员将被取消参赛资格，为降低检测对运动员造成的不适等负面影响，检测统一采取唾液测试。为此，东京奥运会组委会还加大了人员配备以提高检测的效率，将检测时间避开运动员的休息时段，以保证他们比赛的正常发挥。据组委会公布数据，截至 7 月 31 日已有超过 41458 名海外赛事注册人员入境日本，进行了 448815 例唾液新冠筛查；通过日常唾液筛查出 90 例阳性，阳性率为 0.02%。

3. 及时隔离消杀，阻断疫情传播

有关在奥运期间每日检测中一旦发现阳性病例将被立刻隔离的规定确保了"早发现、早诊断、早隔离"中最后一环能及时衔接前两者。这是有效落实防疫闭环的重要保障。针对感染者接收单位，日本政府也在早些时候加强了新冠病毒肺炎诊断和治疗机制的建设。具体措施有：A. 在日本 83 家传染病机构安装检测器和实时检测设备，并通过单次检测增加新冠病毒样本数量；B. 在各地建立"联系会诊中心"，由专人进行会诊、指导医疗；C. 创新相关诊疗技术，组建"产、学、研"团队，加快简易诊断工具、抗病毒药物、新型冠状病毒肺炎疫苗的研发；D. 鼓励医疗产品生产企业增加生产，并将相关部门储存的医疗物资优先转移到指定的传染病医院以确保医疗物资供应。此外，主办方还指定新冠病毒联络员（CLO）负责协调疫情防控相关工作，以确保发现阳性病例后能及时响应。

针对日常活动，东京奥组委在运动员食宿及交通方面都制定了极为细致的隔离阻断与病毒消杀方案。在食宿上，入住前每个人将拿到一个防疫包（里面包括消毒液、消毒酒精、酒精湿巾、口罩等物品）；运动员单独住宿并且在训练室与休息室都进行全程隔离；每个餐厅设立隔离板以对每个餐位进行隔离。在出行交通上，相关人员的出行都由专车接送，车辆用后也将被及时消毒；进入公共场所需严格遵守排队和测温的规定。工作区、服

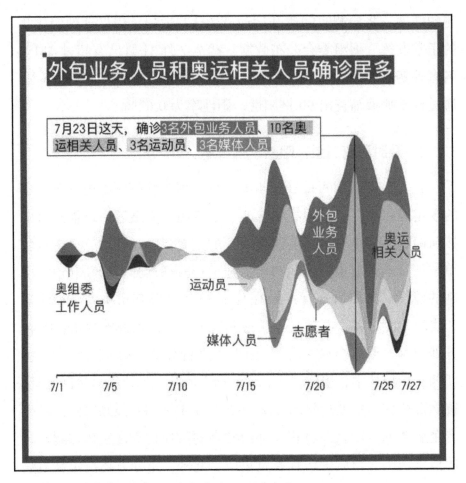

外包业务人员和奥运相关人员确诊居多

7月23日这天，确诊3名外包业务人员、10名奥运相关人员、3名运动员、3名媒体人员

外包业务人员

奥运相关人员

奥组委工作人员

运动员——

媒体人员——   志愿者

7/1   7/5   7/10   7/15   7/20   7/25   7/27

数据来源：东京奥运会官网，数据截至 2021 年 7 月 27 日。

图 4   2021 年 7 月奥运会相关人员确诊人数爆发式增长

务台等人员流动区域都安排有工作人员和志愿者定时进行消杀工作。①

---

① 《东京奥运会细化防疫工作！确保运动员安全，赛事正常进行》，https://baijiahao.baidu.com/s?id=1705513728580020920&wfr=spider&for=pc。

二、东京奥运会疫情防控存在的问题

2021年7月30日，东京奥组委疫情响应专家会议负责人冈部信彦（Nobuhiko Okabu）在接受采访时说，当新冠病例的激增给医疗体系带来压力时，须考虑终止东京奥运会和放弃举办东京残奥会。这句话背后是奥运会期间持续增长的病例数量。

1. 疫情始终未得到有效控制，确诊人数频频走高

据日本共同社报道，2021年8月7日东京奥组委发布了自7月1日起与奥运相关的新冠阳性累计达409人。这些病例包括运动员、奥组委工作人员、志愿者等奥运支持人员，但大部分来自奥运村外。7月以来，东京地区的每日新增确诊人数始终呈现上升趋势，非日本居民的奥运相关阳性病例也居高不下。东京都政府8月1日发布数据显示，当日该辖区新增新冠确诊病例3058例；至此已连续5天突破3000例，此前一天更是超过了4000例。

同样，奥运村内的疫情情况也不容乐观且防疫漏洞频现。例如，2021年6月19日乌干达代表团抵日后，该代表团有2名成员随即确诊感染新冠病毒。之后，该代表团在大阪府泉佐野市进行赛前集训期间，举重运动员塞奇托雷科从宿舍"失踪"。无独有偶。据全日本新闻网报道，有2名帆船项目裁判26日新冠检测呈阳性，其中1人为日本籍。2人确诊后随即被安排入住隔离酒店。然而，隔离期未满，2人私下自行前往医院就诊。这不仅反映出疫情的严重，更证明了安保措施的不到位。

2. 预防与管控双双失守,"气泡式"防疫漏洞百出

实际上,2021年东京奥运会在疫情的预防和控制环节上均存在严重问题。A.日本境内的疫情检测率低下。政府初期对疫情不够重视,检测速度慢,覆盖率低,使得大量感染者没有被发现,给了病毒足够的传播时间。B.日本疫苗接种计划进展缓慢,接种率低。C.日本规章制度并未得到有效落实,境内人员流动性比较大,管理却不到位,医疗系统几近瘫痪。加之部分与会人员防疫意识较弱,进一步加重了病毒传播。

在奥运会前期准备阶段,日本政府和东京奥组委对于奥运期间采取的防疫措施一直处于举棋不定的状态。例如,是否限制观众人数,如何限制等问题都存在分歧。随着2021年7月以来的疫情反弹和持续低位的疫苗接种率等情况的出现,奥运会组织者不得不采取更多措施以防止奥运期间出现难以预料的"超级传播"事件。然而,仓促的行动又使疫情防控措施本身缺少一定科学性。当时,来自纽约西奈山伊坎医学院人口健康科学与政策系的安妮·K.斯巴诺(Annie K. Sparrow)博士和来自明尼苏达大学明尼阿波利斯分校公共卫生学院的莉莎·M.布罗俊(Lisa M. Brosseau)博士等人在《新英格兰医学杂志》发文对本次东京奥运会的防疫措施进行了讨论。鉴于新冠病毒可以通过气溶胶传播,进而可能导致室内运动的部分防疫措施收效甚微情况的发生,他们建议根据运动项目差异和赛事场地对各个项目进行风险程度分级。相比之下,他们认为政府和东京奥组委对疫情重视度不够,以至于《手册》并未建立在科学严格的风险评估基础之上。

图 5　2021 年 5—7 月东京都新增感染人数[①]

财联社[②] 也于 8 月 3 日评价称：一切问题的源头在于日本在疫情抬头时没有迅速响应，尤其是没有针对德尔塔变异株等传染性更强的病毒制定防疫措施。

　　研究者和媒体的意见在日本民众看来也十分具有合理性。根据《朝日新闻》在本次奥运会开幕前公布的民调信息，"68% 的受访者对奥运组织者控制新冠病毒感染的能力表示怀疑，55% 的受访者表示他们反对奥运会继续举行"[③]。甚至在本次奥运会开幕式进行过程中，场外的反对声也不绝于耳。据东京都政府的数据统计，截至 2021 年 7 月 20 日，仅有 35% 的日本民众接种了至少一剂新冠疫苗，完成全程接种的人数比例更是低至 23%，位列发

---

①　《谁戳破了东京奥运会的"防疫气泡"》，https://new.qq.com/rain/a/20210727AOEWNB00。

②　财联社系专注于中国证券市场动态分析、报道的证券资讯服务平台。

③　《东京奥运会开幕前最后时刻的疫情"战书"》，https://baijiahao.baidu.com/s?id=1705
705125760647640&wfr=spider&for=pc。

达国家疫苗接种率的倒数第一，距离日本政府此前所希望的在奥运开幕前达到群体免疫目标相距甚远。

在管控方面，问题从相关人员入境时就开始了。由于实际与会人数多达数万名且无法顺利按此前政府和奥组委规划的那样设置分流，多次出现了与会人员和普通旅客混在一起行走的情况。此外，在酒店也出现了防疫操作上的类似疏漏。据中国帆船代表团称，由于比赛场地和奥运村有一定距离，所以各国运动员都被安排在赛场附近的酒店。虽然规划中有专人专层的规定，且在执行中也有一层是给运动员预留的备用方案，但现实情况是这些酒店除了运动员，其他游客、工作人员家属也可以随便入住。这样入驻人员在物理上是隔离了，但实际对于人员流动的监管却并不严格，甚至有游客和运动员混住现象的发生，因此，有效防疫也就成了一纸空谈。也或正是因为这样的疏忽，才会出现"运动员下榻酒店爆发集体感染"的情况。同时，在《手册》中，相关人员被禁止前往赛场或事先申报的场所以外的地方（包括外出就餐）。但在实际操作中并未实现有效管控，且不时有运动员或者工作人员无视这些防疫规定的存在。7月30日深夜，在奥运村内露天公园中，有数名运动员和代表队工作人员在已知防疫情况下，开设了饮酒派对。7月31日，又有2名获得银牌的格鲁吉亚柔道选手离开奥运村到东京铁塔附近游览，并称在奥运村门口没有受到阻拦，以为可以外出。对此，酒店经理称不能干涉客人的行为，警卫则表示由于可能存在沟通障碍，无法确定相关人员。[①] 类似情况也出现在各国媒体聚集的主新闻中心。

---

① 《连续多日新增病例破万，日本疫情已然失控，但深夜奥运村内却出现多人疯狂派对！警方已到现场调查》，https://mbd.baidu.com/newspage/data/landingsuper?context=%7B%22nid%22%3A%22news_8788054243354360118%22%7D&n_type=1&p_from=4。

　　当时，在东京奥运会举办期间除发现有上述对疫情管控不严的情况，在对确诊患者的收治方面也是问题频出。这集中反映在日本濒临崩溃的医疗系统上。冈部信彦在采访中曾提到，当普通民众和运动员都需要接受住院治疗而病床位不足时，不应一味优先运动员，而应根据病情来判断该让谁接受住院治疗，以尽可能地减少死亡。这变相说明日本的医疗系统已经出现问题。据彭博社报道，为了保障奥运会的顺利进行，日本全国有 7000—8000 名医务人员被派遣去支持奥运会。

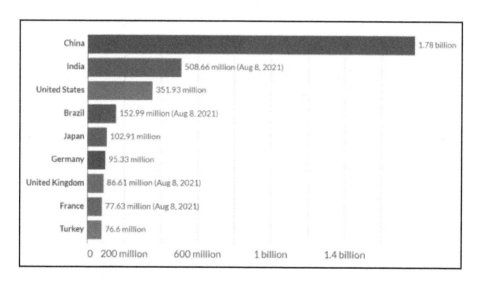

图 6　截至 2021 年 8 月 9 日世界主要大国疫苗累计接种量[①]

---

　　①《8 月 10 日全球新冠疫情及疫苗接种更新：美国连续一周确诊破十万》，https://user.guancha.cn/main/content?id=568863。

图 7　日本网民抨击东京湾赛场水质

　　需要提及的是，本届奥运会在供给食物和周遭环境上也出现了不妥当的行为，从而间接影响了疫情的管控效果。2021 年 8 月 3 日，英国竞走名将汤姆·博斯沃斯在社交媒体上发文控诉东京奥运会的伙食存在问题，斥责后者提供不新鲜的"残羹剩饭"[①]。另外，日本在未向外界声明的情况下向运动员餐食提供了数种曾因核灾难而遭他国禁止进口的福岛食物原料，并且在遭受质疑后

<hr />

① 《英国名将炮轰东京奥运！给他们吃剩饭像住监狱，中国新冠军睡地板》，https://www.163.com/dy/article/GGG8L7AO0549024Q.html。

拒绝公开具体原材料详情。由此，日本政府遭到新闻媒体的大肆抨击。至于东京奥运会场馆的水质问题，也是一言难尽。

从赛前准备、赛时防控至后勤服务、环境治理，东京奥运会自己戳破了"严丝合缝"的防疫"气泡"。其疫情扩散速度之快、治理难度之大令赛事主办方始料未及。

三、北京冬奥会公共卫生事件的应对策略

2021 年 7 月 20 日，国际奥委会第 138 次全会表决通过决议，同意在奥林匹克格言"更快、更高、更强"之后加入"更团结"的用词。这不仅是对新冠肺炎疫情的回应，更是奥林匹克精神在新时代下寄予人类的美好憧憬。东京奥运会结束之后，北京 2022 年冬奥会开幕前的相关筹备工作也进入了最后冲刺阶段。此前，北京冬奥组委暨北京市运行保障指挥部第四次调度会议于 6 月 21 日提出北京冬奥会将依据"一馆一策、一场一策"的原则制定防控方案，并落实落细各项疫情防控措施。鉴于东京奥运会防疫经验与教训，并结合当前全国各地反复出现的疫情，现提出以下三点建议。

1. 多元联动，加强重大公共卫生事件的风险评估与监控

应对重大公共卫生事件的主要策略是在北京冬奥会召开前加强对潜在重大公共卫生事件的风险评估。例如，通过规划设定 2022 年北京冬奥会各类重大公共卫生事件的监测指标，再根据

监测指标、防控规划和风险评估，建立冬奥会疫情监测体系；[①]
在奥运场馆等所有重要公共场所设置检测点并在各城市的重点医院、机场、火车站、码头等人流物流密集区域配置感染性病毒检测设备，加强对进口食品的检疫和卫生安全监管，严格防止病毒的外部传入，实现从中国海关口岸到京津冀居民小区各层级的闭环管理。建议比赛期间利用监测技术进行24小时监测，定期收集监测数据，组织重大公共卫生事件防控网络，赛前联合检测，实现地理空间和时间的全覆盖和监测内容的全面性，完善信息披露机制，对疫情信息进行第一时间核实并上报政府相关部门。同时，落实京津冀跨地区、跨部门协调联合行动，明确主办地各部门职责分工。例如，冬奥会组委会卫生部整合网络监测数据，对重大公共卫生事件的应对措施做出总体决策；体育部根据公共卫生赛事网络监测信息，调整奥运赛事流程并负责各国运动员的联系工作；医疗机构聚焦患者诊断和治疗，做好加密收集、分析和提交患者数据的各项工作。此外，国内各有关医学研究机构在加大力度开发人类传染性病毒检测工具和防疫疫苗等的同时，与国际组织积极开展合作以完成国际信息、防控策略、诊疗计划、疫苗资源等的共享，形成重大公共卫生事件管控一体化机制，及时调配人力、财力、物力。

2. 环境加持，加强公共卫生知识普及和城市环境治理

赛前要全力开展公共卫生知识的普及工作。如通过媒体宣传普及公共卫生知识，派专员在驻外使馆和机场普及中国出入境卫

---

① 徐拥军、张丹：《2022年北京冬奥会公共卫生事件应急管控对策研究》，《首都体育学院学报》2020年第4期，第303-309页。

生检疫要求和规定，提高全民对人际传染病毒的认识和应对能力，稳住国内防疫基本盘；同时要密切关注中外新闻媒体关于2022年北京冬奥会公共卫生事件的新闻报道，把握舆论风向，调动正向舆论力量，防止国外新闻媒体炒作、制造负面舆论。有鉴于东京奥运会水污染事件的发生，我们应该更好地关注国内各城市的环境保护，加强京津冀地区各类垃圾分类回收处置和污水、废气排放混乱的治理，防止由环境污染引起的人际传染病毒爆发。[①] 比赛举行时则要针对衣、食、住、行可能接触到的各类场所因地制宜制定各有关应对预案，定期对冬奥会场馆、奥运村、重点风景名胜区及周边酒店范围内交通工具以及其他公共卫生设施进行病毒消杀，全面筛查北京、天津、河北三地各类餐馆的卫生状况，重点监测2022年北京冬奥会奥运村的食品供应情况，加强食品采购、运输、销售和加工的卫生安全监管。同时，确保在筹办奥运会过程中，面对骤增的人流量能采取有效措施及时切断潜在传染源，防止病毒传播扩散。

3. 壮大力量，加强重大公共卫生事件人员支持和物资储备

加大对京津冀地区所有冬奥参与者尤其是医务人员的轮训力度，将公共卫生安全知识纳入2022年北京冬奥会组委会工作人员、竞赛场馆服务人员和北京冬奥会志愿者的培训知识体系，以提高冬奥全体相关人员识别、预防、控制和治疗常见人际传染病毒以及处理未知病毒的能力，为稳步提高我国居民应对重大公共卫生事件的能力做好基础性工作。针对京津冀范围内的密集

---

① 徐拥军、张丹：《2022年北京冬奥会公共卫生事件应急管控对策研究》，《首都体育学院学报》2020年第4期，第303-309页。

场所，尤其是北京机场、火车站、酒店、餐厅等场所的员工进行隔离防护等方面的专项培训，并在完成基础教学后组织2022年北京冬奥会组委会、京津冀公共卫生应急管理部门、京津冀医院和北京街道办事处就重大公共卫生事件应急预案进行联合模拟演练，相关内容纳入专员岗前培训及后期考核。同时，要确保京津冀三地医院的通用医疗设备和医疗用品充足，进一步增加通用医疗用品储备，督促北京医院有关部门与主要医疗用品生产企业建立联系，以便紧急情况下能够在短时间内供应所需求的医疗用品。[①]

从东京奥运会开展前后面临的困难局面及其经验教训来看，当前重大公共卫生事件已成为影响诸如奥运会等大型公共赛事顺利举办的重要因素。2022年北京冬奥会组委会需要与京津冀政府和国际组织建立重大公共卫生事件应急管理体系和防御机制，以确保北京冬奥会的顺利开展，同时为日后其他申奥国提供具有示范意义的"北京智慧"和"北京计划"。

---

① 徐拥军、张丹：《2022年北京冬奥会公共卫生事件应急管控对策研究》，《首都体育学院学报》2020年第4期，第303-309页。